GONTRAN FAIT SON PAIN
Gontran Cherrier

GONTRAN FAIT SON PAIN

Gontran Cherrier

Photographies Bob Norris
Stylisme Valéry Drouet

HACHETTE
Pratique

Retour aux sources

Après *Gontran joue de la casserole*, dans lequel nous avons cuisiné ensemble de bons petits plats, après *Ultra chocolat* et *À croquer*, où j'ai partagé avec vous mes plaisirs sucrés, il est temps de mettre la main à la pâte !

Découvrez dans ce livre sur les pains des recettes variées et savoureuses : pains traditionnels, pains sucrés, viennoiseries, pains du monde, pains faits à la machine...

Et tout d'abord, le pain français. Sa réalisation est délicate : elle nécessite beaucoup de précision, tout comme sa cuisson. Mais ne vous inquiétez pas, je me suis mis à votre place et j'ai réalisé ces recettes à la maison, non pas dans un fournil, et je vous propose deux types de pétrissage possibles : à la main ou au robot mixeur. Pour une réussite optimisée, voici deux « trucs » à savoir :

– **le coup de lame avant la mise au four** : utilisez une lame très aiguisée – idéalement une lame de rasoir – que vous laisserez dans son étui pour éviter tous risques de coupures ;

– **la vapeur d'eau** : placez un plat dans le bas de votre four. Au cours de la cuisson, versez-y de l'eau, ce qui produira de la vapeur.

Grâce à ces deux astuces, le pain se développera facilement et sa croûte sera fine, brillante et croustillante.

Après les pains français, partons à la rencontre des pains du monde, recettes que j'affectionne tout particulièrement. Vous découvrirez des modes de préparation et de cuisson différents, étonnants : saviez-vous par exemple que le pain pouvait se cuire à la poêle, ou encore à la vapeur ?

Enfin, vous apprendrez comment ne plus gâcher le pain que vous n'avez pas terminé au repas : chapelures, crumbles, tartines, etc., le pain a une seconde vie !

J'espère que nous allons partager cette histoire ensemble au coin du four et que vous prendrez autant de plaisir à confectionner – et à déguster – ces pains que j'en ai eu à réaliser cet ouvrage !

Allez, on a du pain sur la planche...

Pétrissage : mode d'emploi

Pétrissage de la pâte à la main

1 Creusez un puits dans la ou les farine(s).

2 Versez le sel puis l'eau dans laquelle vous aurez dilué la levure. Notez bien que la quantité de levure varie en fonction de la température de la pièce où la pâte va pousser (gonfler) ; elle sera d'autant plus importante si la température est fraîche.

3 Mélangez les matières premières.

4 Ajoutez le reste de la farine jusqu'à obtenir un mélange plus ou moins homogène.

5 Pétrissez la pâte en la claquant sur le plan de travail : vous devez étirer la pâte en la soulevant et la replier sur elle-même.

Recommencez l'opération pendant 15 min environ.

6 Faites une boule pour laisser reposer et couvrez-la d'un plastique.

7 Détaillez la pâte en plusieurs morceaux (le nombre et la taille des morceaux varient en fonction de la recette).

8 Mettez en forme la pâte avant de la laisser reposer quelques minutes recouverte d'un plastique.

9 Façonnez la pâte en boule. Pour certaines recettes, vous devez fariner.

9 bis Façonnez la pâte en baguette.

10 Recouvrez la pâte d'un plastique avant de la laisser pousser.

Pétrissage de la pâte au robot mixeur

1 Délayez la levure si nécessaire.

2 Mettez tous les ingrédients dans le bol du robot mixeur.

3 Donnez quelques impulsions d'hélices pour mélanger.

4 Mixez en continu jusqu'à ce que la pâte soit formée.

Les pains traditionnels

Voici quelques recettes à faire à la main : de la baguette blanche classique au pain de campagne sur différents types de fermentation (levain, poolish...). Leur réalisation n'est pas simple : il faut respecter les quantités de levure et les temps de fermentation, l'idéal étant de travailler dans une ambiance à 20°C.
Pour plus d'information : www.miam-miam.fr, rubrique boulangerie pâtisserie.
Courage, ça en vaut la peine!

Baguette du quotidien

Voici une recette de base pour des petites baguettes, ou tout autre forme souhaitée. Autre option : la garder au frais comme pâte fermentée.

Pour 10 petites baguettes

1 cuil. à café rase de levure sèche

23 cl d'eau

370 g de farine blanche type 55 ou 65

1 cuil. à café pleine de sel

Délayez la levure dans l'eau.

Préparez la pâte en suivant les étapes du pétrissage à la main ou au robot mixeur selon votre choix (voir techniques de pétrissage p. 8).

Laissez reposer la pâte 30 min sur le plan de travail fariné en la recouvrant d'un plastique (par exemple un sac poubelle ouvert en deux).

Détaillez la pâte obtenue en 10 pièces de 60 g environ, en forme de petits pains courts, puis laissez reposer 15 min sans serrer la pâte et en recouvrant le tout avec le plastique. Façonnez ensuite en petites baguettes et posez-les sur une feuille de papier sulfurisé.

Placez les baguettes sur un torchon fariné en les séparant par un pli. Recouvrez d'un plastique et laissez pousser 1 h environ.

Pendant ce temps, préchauffez votre four à 240 °C (th. 8) en plaçant, dans le bas, une plaque ou un récipient métallique (pour faire de la vapeur) et, au milieu, la lèchefrite.

Quand les baguettes sont poussées, avec une lame de couteau, de rasoir ou de cutter, faites deux incisions sur la surface de la pâte en inclinant la lame à 45 °.

Faites glisser la feuille de papier sulfurisé sur la lèchefrite chaude. Versez 10 cl d'eau (1/2 verre) dans le plat métallique, refermez la porte et attendez 30 sec avant d'enfourner les baguettes.

Dès l'enfournement, baissez le four à 210 °C (th. 7). Laissez cuire environ 12 min.

Sortez du four, décollez les baguettes et laissez-les refroidir sur une grille.

Pain au levain naturel

Cette méthode est assez longue, elle demande une semaine pour la préparation du levain ; mais une fois réalisé, celui-ci peut se conserver plusieurs semaines au congélateur.

Nous allons démarrer avec des quantités qui vont vous paraître ridicules, et nous serons obligés de les réduire encore en cours de réalisation car nous allons vite obtenir 10 kg de levain en trois ou quatre jours ; alors, à moins que vous n'ayez une famille nombreuse, nous allons diviser les quantités par trois voire par quatre. Il s'agit ici de comprendre le procédé pour ensuite réaliser la quantité que vous souhaitez. Cinq étapes sont nécessaires : quatre pour fabriquer le levain, la dernière pour faire le pain.

Pour 2 boules de 500 g

PREMIÈRE ÉTAPE (48 à 72 h)
Pour le jus de pétrissage : 100 g de raisins secs, 20 cl de jus de raisin

Mettez à macérer le mélange pendant 48 h dans un endroit un peu chaud, par exemple sur un radiateur. Il faut que le mélange commence à mousser ou qu'il sente vraiment la fermentation ; si ce n'est pas le cas, c'est par manque de chaleur donc prolongez la fermentation. C'est une étape très importante car c'est elle qui apportera les premières levures naturelles.

Lorsque le jus est prêt, passez les raisins à travers une passoire, pressez-les et récupérez le jus de pétrissage.

DEUXIÈME ÉTAPE (12 h)
2,4 cl de jus de raisin fermenté, 40 g de farine de seigle ou de farine complète

Dans le bol d'un robot mixeur, versez ces ingrédients et mixez avec l'hélice jusqu'à la formation de la pâte.

Placez-la dans un saladier fariné, couvrez d'un plastique et réservez le levain 1 h à température ambiante.

TROISIÈME ÉTAPE (12 h)
60 g de levain, 4 cl d'eau, 60 g de farine de seigle ou complète

Procédez de la même manière que pour la deuxième étape.

QUATRIÈME ÉTAPE (6 à 8 h)

100 g de levain, 10 cl d'eau, 160 g de farine blanche, 1 pincée de sel

Procédez comme pour l'étape précédente et réservez à température ambiante pendant 6 à 8 h. À ce stade, le levain peut se conserver au maximum 10 jours au réfrigérateur.

CINQUIÈME ÉTAPE (5 h 30 du pétrissage à la mise au four)

200 g de levain, 35 cl d'eau, 500 g de farine blanche ou bio, 1 pincée de levure sèche ou 1 g de levure fraîche, 12 g de sel (2 cuil. à café)

Réservez le levain restant couvert d'un plastique au congélateur plusieurs semaines (ou dans un saladier au réfrigérateur une dizaine de jours). Sortez le levain du congélateur et réservez au réfrigérateur au moins deux jours avant le pétrissage.

Délayez la levure dans l'eau.

Préparez la pâte en suivant les étapes du pétrissage à la main ou au robot mixeur, selon votre choix (voir techniques de pétrissage p. 8).

Débarrassez la pâte sur le plan de travail fariné, couvrez d'un plastique et laissez reposer 1 h. Rabattez la pâte sur elle-même, replacez-la sur la surface farinée, couvrez d'un plastique et laissez reposer 1 h à nouveau.

Divisez la pâte en deux, faites-en deux boules, posez chacune d'elles sur une feuille de papier sulfurisé et sur un carton qui vous aidera à faire glisser délicatement le pain sur la plaque chaude. Farinez-les, couvrez-les d'un plastique et laissez-les pousser 3 h.

Préchauffez votre four à 240 °C (th. 8) avec la plaque du four et un plat métallique dans le bas pour la vapeur d'eau.

Au moment d'enfourner la première boule, faites une incision avec une lame de couteau, de rasoir ou de cutter. Au moment de sortir la plaque du four, versez un petit verre d'eau dans le plat métallique et refermez la porte.

Faites glisser une première boule sur la plaque du four chaude et enfournez-la directement.

Faites cuire environ 45 min. Attention, après 10 min de cuisson, baissez la température du four à 200 °C (th. 6-7) et sortez le plat métallique en milieu de cuisson.

Faites refroidir sur une grille et procédez de la même manière pour la seconde boule.

Pain au levain-levure

Cette recette de pain au levain consiste à pétrir une première pâte avec un peu de levure et une seconde avec le reste des ingrédients. Elle permet de réaliser un pain avec un léger arôme de levain et une croûte un peu plus épaisse que celle du pain classique.

Pour 10 petits pains
Pour le levain-levure (à préparer la veille) :
150 g de farine blanche
10 cl d'eau fraîche
1/2 cuil. à café de sel
30 g de pâte fermentée
  préparée par votre boulanger

Pour la pâte :
245 g de farine blanche
50 g de farine de seigle
1/2 cuil. à café de levure sèche
  ou 5 g de levure fraîche
18 cl d'eau (environ 20 °C)
1 cuil. à café pleine de sel

La veille, réalisez le levain-levure : dans le bol d'un robot mixeur, mettez tous les ingrédients, donnez quelques impulsions d'hélice pour mélanger puis laissez tourner en continu pour que la pâte se forme.

Débarrassez dans un récipient fariné, couvrez d'un plastique et laissez reposer dans un endroit frais (entre 8 et 15 °C). Sinon, réservez au réfrigérateur ; utilisez alors une eau un peu plus chaude.

Le lendemain, préparez la pâte en suivant les étapes du pétrissage à la main ou au robot mixeur selon votre choix (voir techniques de pétrissage p. 8).

Posez la pâte sur un plan de travail fariné, couvrez-la d'un plastique et laissez-la pousser 1 h.

Divisez en dix pièces, roulez-les en boules et posez-les sur une feuille de papier sulfurisé. Faites glisser cette feuille sur un morceau de carton un peu rigide, couvrez d'un plastique et laissez pousser 45 min à 1 h.

Préchauffez votre four à 240 °C (th. 8), en mettant la plaque au milieu du four et en plaçant un plat métallique dans le bas (pour la vapeur d'eau).

Au moment d'enfourner, farinez légèrement les boules et faites une incision avec une lame de couteau, de rasoir ou de cutter.

Au moment de sortir la plaque du four, versez un verre d'eau dans le plat métallique et refermez la porte. Faites glisser la feuille de papier sur la plaque chaude et enfournez directement.

Faites cuire environ 15 min et sortez le plat métallique après 5 à 6 min de cuisson.

Pain sur pâte fermentée

Cette recette permet d'obtenir rapidement une saveur plus typée que celle du pain classique, surtout si vous remplacez l'étape du pétrissage par de la pâte achetée chez votre boulanger.

Pour 2 ou 3 pains
370 g de farine blanche type 55 ou 65
23 cl d'eau
1 cuil. à café pleine de sel
1 cuil. à café rase de levure sèche

1/2 pâte (voir recette de la baguette
  au quotidien, p. 14) soit :
185 g de farine blanche type 55 ou 65
11,5 cl d'eau
1/2 cuil. à café rase de levure sèche
1/2 cuil. à café pleine de sel

Pour réaliser cette recette, vous devez pétrir une demi-pâte de la recette de base (voir p. 14) la veille, voire deux ou trois jours avant ; réservez-la toujours au réfrigérateur en la recouvrant de film étirable.

Pour la suite de la réalisation, suivez les mêmes conditions que pour la recette de base, sauf que vous pouvez faire 2 ou 3 gros pains (au lieu de 10 pièces) que vous cuirez en deux fois, en baissant la température du four au bout de 10 min de cuisson, et en cuisant le tout de 20 à 30 min en fonction de la taille.

Débarrassez et laissez refroidir sur une grille.

Pain sur poolish

La poolish est une sorte de levain-levure sous forme liquide et avec une fermentation plus rapide. Elle offre un goût de pain à l'ancienne avec une petite note de fruits secs et une vraie odeur de blé !

Pour 5 baguettes
23 cl d'eau (environ 18 à 20 °C)
1 cuil. à café rase de levure sèche
370 g de farine blanche type 55 ou 65
1 cuil. à café pleine de sel

1 h avant de pétrir votre pâte, mélangez au fouet, dans un grand saladier, la moitié de l'eau avec la totalité de la levure. Ajoutez 115 g de farine, fouettez bien puis recouvrez le saladier avec un plastique (j'utilise un sac poubelle ouvert en deux).

Laissez reposer 1 h dans un endroit tempéré.

En fonction de la température de l'endroit dans lequel vous allez laisser reposer la poolish, il se peut que la fermentation dure plus ou moins longtemps. Elle est « à point » quand elle commence à être mousseuse et à se « creuser » au milieu. Si c'est le cas, passez à l'étape suivante.

Versez le reste de l'eau dans la poolish. Faites un puits avec le reste de farine sur le plan de travail, versez la poolish au milieu et ajoutez le sel sur la farine.

Commencez à pétrir en incorporant petit à petit la farine.

Quand vous obtenez un mélange plus ou moins homogène, pétrissez la pâte en la claquant sur le plan de travail. Vous devez étirer la pâte en la soulevant et la replier sur elle-même ; recommencez l'opération pendant environ 15 min.

Vous pouvez également pétrir au robot mixeur (voir techniques de pétrissage p. 8).

Sur le plan de travail fariné, laissez reposer la pâte 30 min recouverte d'un plastique.

Sur un torchon fariné, étalez la pâte en forme de rectangle, farinez-la et laissez-la pousser 45 min recouverte d'un plastique.

20 min avant le terme de cette pousse, préchauffez votre four à 240 °C (th. 8) en plaçant dans le bas du four une plaque ou un récipient métallique (pour la vapeur d'eau) et, au milieu, la lèchefrite.

Quand la pâte est poussée, sortez la lèchefrite du four et ajoutez un demi-verre d'eau dans le récipient placé dans le bas du four pour faire de la vapeur.

Découpez 5 bandes de pâte, posez-les délicatement sur la lèchefrite recouverte d'un papier de cuisson, et enfournez en ajoutant un peu d'eau dans le récipient prévu à cet effet.

Après 5 min de cuisson, baissez la température du four à 210 °C (th. 7). Laissez cuire encore 12 min environ.

Sortez les baguettes du four et laissez-les refroidir sur une grille.

Pain de campagne

Cette recette est assez simple à réaliser. La pâte du levain peut attendre 2 jours au frais.

Pour 1 pain de 600 g

Pour le levain-levure (à réaliser la veille) :
170 g de farine blanche type 55 ou 65
100 g d'eau
1/2 cuil. à café de levure sèche

Pour le pétrissage :
100 g de farine blanche type 55 ou 65
100 g de farine de seigle
 ou de farine complète
160 g d'eau
1 cuil. à café bombée de sel

La veille, préparez le levain : faites un puits avec la farine, versez au milieu l'eau dans laquelle vous aurez dilué la levure. Mélangez en incorporant la farine petit à petit. Quand vous obtenez une pâte plus ou moins homogène, faites une boule et placez-la dans un saladier fariné, recouvrez-la d'un plastique et placez-la au réfrigérateur jusqu'au lendemain.

Le jour même, préparez la pâte en suivant les étapes du pétrissage à la main ou au robot mixeur selon votre choix (voir techniques de pétrissage p. 8) en ajoutant le levain-levure à la fin du pétrissage.

Sur le plan de travail fariné, laissez reposer la pâte recouverte d'un plastique pendant 1 h.

La pâte a poussé, pliez-la alors sur elle-même, de bas en haut et de gauche à droite. Formez une boule, farinez-la et recouvrez-la d'un plastique puis laissez-la reposer à nouveau 1 h.

Au terme de cette pousse, aplatissez légèrement la pâte, faites un pli en ramenant la partie inférieure sur les deux tiers de la pâte, ramenez ensuite la partie supérieure sur le bord et soudez.

Posez le pain sur une feuille de papier sulfurisé en plaçant la soudure dessous et au milieu, farinez avec une petite passoire. Couvrez et laissez pousser 30 à 45 min.

20 min avant le terme de cette pousse, préchauffez votre four à 240 °C (th. 8) en plaçant dans le bas du four une plaque ou un récipient métallique (pour la vapeur d'eau) et, au milieu, la lèchefrite.

Quand la pâte a poussé, sortez la lèchefrite du four et ajoutez un demi-verre d'eau dans le récipient placé dans le bas du four.

Placez le pain délicatement sur la lèchefrite, faites une incision avec une lame de rasoir ou de couteau et enfournez.

Faites cuire 30 min environ.

Pain au cidre

Originaire de Normandie, je me devais de proposer cette recette. Vous pouvez y ajouter des dés de pommes poêlés... humm !

Pour 1 pain de 430 g
1 sachet de levure sèche (5 g)
  ou 8 g de levure fraîche
18 cl de cidre
250 g de farine blanche
1 cuil. à café de sel
1 cuil. à soupe de miel

Si vous choisissez de la levure sèche, délayez-la dans 2 cuil. à soupe d'eau tiède, sinon délayez la levure fraîche dans le cidre.

Dans le bol d'un robot mixeur, versez tous les ingrédients, donnez quelques impulsions d'hélice pour mélanger puis laissez tourner en continu jusqu'à ce que la pâte se forme.

Roulez la pâte en forme de boule sur un plan de travail fariné, couvrez-la d'un plastique et laissez-la reposer 40 min.

Aplatissez légèrement la pâte, faites un pli et encore un autre pour lui donner la forme d'un petit pain court, placez le pain sur une feuille de papier sulfurisé et sur un morceau de carton un peu rigide, ce dernier vous facilitera la tâche au moment d'enfourner le pain. Couvrez d'un plastique et laissez pousser 45 min à 1 h.

Préchauffez votre four à 210 °C (th. 7) en plaçant la plaque dans le four et en mettant un plat métallique dans le bas (pour la vapeur d'eau).

2 min avant d'enfourner, versez la quantité d'un petit verre d'eau dans le plat métallique et refermez la porte.

Faites deux incisions sur le dessus du pain avec une lame de couteau, de rasoir ou de cutter en inclinant la lame à 45 °, de cette manière une couche fine de pâte se décollera lors de la cuisson. Enfournez pour 30 min de cuisson.

Faites refroidir le pain sur une grille dans un endroit aéré.

Pain brié

Encore une recette de Normandie, c'est mon pain préféré ! Il est délicieux en tranches grillées avec un peu de beurre salé.

Pour 1 pain de 400 g
290 g de pâte fermentée
1 cuil. à café de levure sèche
3 cuil. à café d'eau
85 g de farine
10 g de beurre
1 pincée de sel

Pour la pâte fermentée, vous avez deux possibilités : soit vous demandez à votre boulanger de vous en vendre, soit vous la réalisez vous-même en suivant la recette de la baguette du quotidien (p. 14), en réduisant les quantités de moitié (ou alors suivez les quantités indiquées p. 19).

Délayez la levure dans l'eau.

Dans le bol du robot, ajoutez tous les ingrédients, donnez quelques impulsions d'hélice pour mélanger et pétrissez jusqu'à ce que la pâte se forme.

Débarrassez-la sur un plan de travail fariné, laissez-la reposer 30 min en la couvrant d'un plastique.

Aplatissez légèrement la pâte, rabattez la partie supérieure sur la première moitié, rabattez ensuite la partie inférieure, puis soudez ensemble les deux parties pour former un pain court. Avec une lame de couteau, de rasoir ou de cutter, faites une incision dans la longueur puis deux autres de chaque côté de la première.

Posez le pain sur une feuille de papier sulfurisé, couvrez d'un plastique et laissez pousser de 1 h à 1 h 30, la pâte doit être souple et élastique au toucher.

Préchauffez votre four à 240 °C (th. 8), placez un plat métallique dans le bas du four et la lèchefrite au milieu.

Quand le pain est poussé, posez-le délicatement sur la plaque chaude, enfournez-le et versez un verre d'eau dans le plat prévu à cet effet.

Faites cuire 30 min mais baissez la température, après 5 min de cuisson, à 210 °C (th. 7).

Baguettes au pavot bleu

Ces baguettes habilleront très bien votre table pour vos dîners. Vous serez agréablement surpris par la saveur et le caractère des graines de pavot torréfiées.

Pour une dizaine de petites baguettes environ
370 g de farine blanche type 55 ou 65
23 cl d'eau
1 cuil. à café bombée de sel
1 cuil. à café rase de levure sèche
60 g de pavot
  (ou 60 g de graines de sésame,
  ou 60 g de poivre du moulin)

Délayez la levure dans l'eau.

Versez tous les ingrédients dans le robot mixeur et mélangez jusqu'à ce que la pâte soit formée (voir techniques de pétrissage p. 8).

Sur le plan de travail fariné, recouvrez la pâte avec un plastique (j'utilise un sac poubelle que j'ouvre en deux) puis laissez-la reposer 30 min.

Détaillez 10 pièces de 60 g environ, roulez-les en boules puis, après les avoir bien espacées et les avoir recouvertes du plastique, laissez-les reposer 15 min.

Façonnez ensuite chaque boule en petite baguette. Dans une assiette, versez le pavot ou le sésame. Humidifiez la partie supérieure de la première baguette en la posant sur du papier absorbant et posez-la ensuite sur les graines de votre choix, ou donnez quelques tours de moulin à poivre. Procédez ainsi pour chaque baguette.

Placez les baguettes sur un torchon fariné en les séparant par un pli. Recouvrez d'un plastique et laissez pousser de 1 h à 1 h30.

Préchauffez votre four à 240 °C (th. 8) en plaçant dans le bas du four une plaque ou un récipient métallique (pour la vapeur d'eau) et, au milieu, la lèchefrite.

Quand les baguettes sont poussées, placez-les sur une feuille de papier sulfurisé puis, avec une lame de couteau ou de rasoir, faites deux incisions sur la surface de la pâte.

Faites glisser le papier sulfurisé sur la lèchefrite chaude. Versez un demi-verre d'eau dans le plat métallique, refermez la porte et attendez 30 sec avant d'enfourner les baguettes. Baissez alors la température à 210 °C (th. 7). Laissez cuire environ 12 min.

Sortez du four, décollez les baguettes et laissez-les refroidir sur une grille.

Les pains du monde

Un chapitre pour ceux qui aiment voyager
avec des pains comme vous ne les avez jamais
imaginés originaires de pays variés et avec des
techniques de fabrication tellement différentes
de celles des pains français !
Pour vous simplifier la tâche, pétrissez la pâte
au robot mixeur. Si certains se sentent vraiment
d'humeur courageuse, lancez-vous dans le
pétrissage à la main et reportez-vous p. 8.

Baguettes à la tapenade

Ce pain accompagne à merveille poissons et poulet. Et si vous n'avez pas le courage de réaliser la pâte à pain vous-même, demandez-la à votre boulanger.

Pour 12 petites baguettes
1 pâte de baguette du quotidien (voir recette p. 14)
1 pot de 110 g de tapenade d'olives noires

Lorsque la pâte est prête à être utilisée, divisez-la en 12 pièces. Roulez chacune d'elles en forme de boudins un peu longs pour préparer le façonnage de petites baguettes.

Prenez chaque boudin, aplatissez-le légèrement, mettez la valeur de 1 cuil. à café de tapenade, pliez la pâte en deux et roulez-la pour l'allonger ; la tapenade va ressortir mais c'est normal.

Placez les baguettes sur une feuille de papier sulfurisé, farinez légèrement la surface, couvrez d'un plastique et laissez pousser de 40 min à 1 h en fonction de la température de l'endroit.

Préchauffez votre four à 240 °C (th. 8) et respectez les mêmes conditions de cuisson que pour la baguette du quotidien. Faites cuire 12 min environ.

Pain pita

Ce pain d'origine méditerranéenne peut se servir coupé en deux et garni de viande, de salade, de tomate, de sauce à base de fromage blanc et d'herbes fraîches ou de diverses préparations orientales.

Pour 6 pitas

250 g de farine blanche
1 cuil. à café de sel
1 sachet de levure sèche (5 g)
16 cl d'eau tiède (20 °C)
1 cuil. à soupe d'huile d'olive
1 filet d'huile pour la plaque du four

Dans le bol d'un robot mixeur, versez tous les ingrédients en prenant soin de délayer la levure dans l'eau. Donnez quelques impulsions d'hélice pendant 30 sec et procédez ensuite en continu jusqu'à ce que la pâte se forme.

Débarrassez la pâte dans un saladier fariné, couvrez d'un plastique et laissez lever 1 h.

Sortez la pâte, aplatissez-la et détaillez-la en 6 pièces ; laissez-les reposer 10 min.

Étalez ces pitas avec un rouleau à pâtisserie afin qu'elles prennent une forme ovale et qu'elles soient épaisses de 5 mm.

Posez-les sur un torchon fariné, couvrez-les d'un plastique et laissez pousser 30 min.

Préchauffez le four à 250 °C (th. 8-9) et enfournez la plaque huilée.

Quand la plaque est chaude, déposez les pitas (3 au maximum) dessus ; faites cuire chaque fournée 10 min environ. Huilez la plaque entre chaque fournée.

Pain sans gluten

Vous pouvez utiliser, à la place du moule à cake, un pot de fleurs en terre (de 12 à 14 cm de diamètre et de plus ou moins même hauteur) qui n'a bien sûr jamais servi ; vous devez le graisser généreusement (intérieur et extérieur) à l'huile deux ou trois fois et je vous recommande, avant la première utilisation, de le passer au four 20 à 30 min à 210 °C (th. 7).

Pour 1 pain de 16 cm environ
350 g de farine spéciale sans gluten
  (en magasin bio) ou de sarrasin
23 cl d'eau
1 sachet de levure sèche (5 g)
  ou 8 g de levure fraîche
1 cuil. à café de sel
1 cuil. à soupe de graines de lin (facultatif)
1 cuil. à soupe de graines de sésame
  (facultatif)

1 cuil. à soupe de graines de tournesol
  (facultatif)
1 mélange de ces graines avec un peu
  de pavot pour le décor (facultatif)
un peu de farine de sarrasin
  pour le plan de travail
1 filet d'huile pour le moule
1 moule de 16 cm environ

Dans le bol d'un robot mixeur, versez les ingrédients (sauf les graines citées en fin de liste), donnez quelques impulsions d'hélice et procédez ensuite en continu jusqu'à ce que la pâte se forme. Ajoutez les graines et mélangez de nouveau.

Débarrassez la pâte sur un plan de travail fariné. Couvrez d'un plastique et laissez pousser 1 h.

Graissez le moule et réservez-le.

Aplatissez la pâte sur le plan de travail, faites un pli puis un deuxième, et roulez sans serrer. Badigeonnez le pain d'eau avec un papier absorbant et roulez-le dans le mélange de graines ; disposez ensuite le pain dans le moule avec la soudure dessus si vous voulez qu'il s'ouvre à la cuisson ou dessous si vous voulez qu'il reste lisse.

Couvrez d'un plastique et laissez pousser de 1 h 30 à 2 h, en fonction de la température de la pièce.

Préchauffez votre four à 210 °C (th. 7) et placez un plat métallique dans le bas.

Enfournez le pain et versez un petit verre d'eau dans le plat métallique pour faire de la vapeur d'eau ; laissez cuire 25 à 30 min environ. À partir de 20 min de cuisson, sortez le pain du moule et terminez la cuisson sur la grille pour qu'il sèche un peu.

Naans

Les naans sont originaires d'Inde. Vous pouvez les parfumer lors du pétrissage, ou juste avant de les mettre en cuisson, avec du cumin, de l'anis ou du fenouil. Les naans sont très souples, un peu comme une pâte à pizza contrairement aux chapatis ; ces derniers sont secs et cassants, car ils sont moins riches (voir recette des chapatis p. 42).

Pour 4 naans
1 sachet de levure sèche (5 g)
2 cuil. à soupe d'eau
250 g de farine blanche
1 cuil. à café de sucre
1 œuf
30 g de beurre fondu
150 g de fromage blanc
1 cuil. à café de sel

Délayez la levure dans l'eau.

Dans le bol d'un robot mixeur, versez tous les ingrédients.

Donnez quelques impulsions d'hélice pour mélanger puis laissez tourner en continu jusqu'à ce que la pâte soit pétrie.

Débarrassez la pâte dans un saladier fariné, couvrez d'un plastique, laissez reposer 1 h 30.

Posez la pâte sur le plan de travail, rabattez-la deux fois, n'hésitez pas à fariner.

Préchauffez le four à 230 °C (th. 7-8), avec la plaque du four recouverte de papier sulfurisé.

Divisez la pâte en quatre, étalez chaque pièce en rectangle ou en disque, à la main ou au rouleau ; n'hésitez pas à fariner.

Dès que le four est chaud, mettez les naans sur la plaque chaude.

Faites cuire 8 à 10 min en fonction de la taille des pains, ils doivent être blonds.

Naans au fromage

Avant la cuisson, assaisonnez le fromage frais avec du poivre du moulin, un peu de sel et des herbes fraîches. C'est un régal !

Pour 4 naans
1 sachet de levure sèche (5 g)
2 cuil. à soupe d'eau
250 g de farine
75 g de fromage blanc
20 cl de lait
30 g d'huile d'olive
100 g de fromage frais
1 cuil. à café rase de sel

Délayez la levure dans l'eau.

Dans le bol d'un robot mixeur, versez la farine, le fromage blanc, le lait, le sel et l'huile d'olive. Mélangez en donnant quelques impulsions d'hélice, puis laissez tourner en continu jusqu'à ce que la pâte se forme.

Débarrassez la pâte sur un plan de travail fariné, couvrez-la d'un plastique et laissez pousser 1 h 30.

Préchauffez le four à 230 °C (th. 7-8), placez-y tout de suite la plaque du four.

Travaillez la pâte en la pliant sur elle-même plusieurs fois.

Divisez la pâte en quatre, aplatissez chaque pièce avec un rouleau ou la paume de la main de manière à obtenir des rectangles de pâte d'environ 25 à 30 cm de long ; farinez régulière-ment car la pâte est très souple.

Mettez un peu de fromage frais sur une moitié, ce n'est pas grave s'il s'émiette, il fondra lors de la cuisson. Pliez pour fermer et soudez du bout des doigts.

Posez les naans sur la plaque du four chaude et faites cuire environ 10 min.

Chapatis aux graines d'anis vert

Cette galette originaire d'Inde est non levée et sèche mais également très parfumée.

Pour 10 chapatis environ
300 g de farine complète
1 cuil. à café rase de sel
1 cuil. à soupe d'huile d'arachide
125 g d'eau tiède
2 cuil. à soupe pleines de graines d'anis vert

Dans le bol d'un robot mixeur, versez tous les ingrédients et mélangez jusqu'à ce que la pâte soit formée.

Débarrassez sur un plan de travail fariné, couvrez la pâte avec un plastique et laissez reposer au minimum 1 h.

Détaillez en 10 pièces, étalez-les ensuite aussi finement que des crêpes et réservez-les.

Faites chauffer une poêle et faites-y cuire chaque chapati environ 1 min de chaque côté ; lorsque vous retournez les chapatis, vous pouvez appuyer légèrement sur les bords, cela les fera gonfler un peu plus. Pour les garder au chaud, placez-les dans votre four préchauffé à 150 °C (th. 5).

Vous pouvez bien sûr remplacer les graines d'anis vert par des graines de fenouil ou celles que vous appréciez le plus.

Plus la pâte reposera, de 1 h à 18 h, plus les chapatis seront fins.

Brioche vapeur, farcie et salée

Cette délicieuse brioche est originaire d'Asie.

Pour 8 à 10 brioches
1 tomate-cerise par brioche
grains de poivre du Sichuan
  (facultatif, pour l'eau du bain-marie)
Pour la pâte à pain :
500 g de farine
22 cl d'eau tiède (certaines farines
  peuvent demander un peu plus d'eau)
3 cuil. à café de levure chimique
2 cuil. à soupe de sucre
1/2 cuil. à café de sel
1/2 cuil. à café de vinaigre blanc

Pour la farce :
400 g de viande hachée
1 morceau de gingembre frais
  (environ 2 cm de long et 1 cm de diamètre)
1/2 botte de ciboulette
1/2 botte de coriandre hachée
  ou de persil plat
1 cuil. à café de sauce soja
poivre du moulin et fleur de sel

Commencez par préparer la farce : faites cuire légèrement la viande hachée dans une poêle sèche puis mettez-la dans un saladier. Hachez le gingembre et les herbes, mélangez le tout avec la viande, versez la sauce soja, salez et poivrez généreusement. Réservez cette farce au frais.

Dans le bol d'un robot mixeur, versez tous les ingrédients de la pâte à pain, donnez quelques impulsions d'hélice pour mélanger et continuez jusqu'à ce que la pâte soit plus ou moins homogène.

Débarrassez la pâte sur le plan de travail fariné, couvrez-la d'un plastique et laissez-la reposer 30 min.

Divisez la pâte en 10 pièces, roulez-les en boules et étalez-les pour obtenir des disques de 10 à 12 cm de diamètre environ.

Posez au milieu la valeur d'une bonne fourchette de farce et ajoutez 1 tomate-cerise ; relevez la pâte et soudez-la, faites-lui faire une torsion pour bien la souder.

Déposez les brioches sur des carrés de papier sulfurisé graissés à l'huile.

Faites cuire les brioches dans un cuit-vapeur, entre 15 et 18 min. Vous pouvez ajouter des grains de poivre du Sichuan dans l'eau de l'appareil.

Pain marocain

Idéal pour accompagner les plats de viande en farce, d'agneau par exemple, aux saveurs orientales.

Pour 1 ou 2 pains
1 cuil. à café de levure sèche
25 cl d'eau tiède
250 g de farine blanche
250 g de semoule
1 cuil. à café de sel
2 cuil. à soupe de graines de sésame
  (pour la finition)

Délayez la levure dans l'eau tiède.

Dans le bol d'un robot mixeur, versez tous les ingrédients (sauf le sésame), donnez quelques impulsions d'hélice pour mélanger puis laissez tourner en continu jusqu'à ce que la pâte soit pétrie.

Débarrassez sur un plan de travail fariné, couvrez la pâte d'un plastique et laissez pousser 1 h.

Préchauffez votre four à 180 °C (th. 6).

Divisez la pâte en deux, roulez chaque part en boule, aplatissez-les légèrement, retournez-les sur du papier absorbant humidifié puis sur les graines de sésame.

Disposez les boules à l'endroit sur la plaque du four recouverte de papier sulfurisé, aplatissez-les un peu et taillez une croix sur leur surface à l'aide d'un couteau.

Enfournez et faites cuire de 15 à 20 min.

Pains marocains à la sauge

Délicieux avec des plats de poisson ou bien d'agneau aux épices ou au miel !

Pour 2 pains plats
15 g de feuilles de sauge
  ou de menthe fraîche
175 g de semoule fine
175 g de farine de seigle ou blanche
5 cl d'huile d'arachide
1/2 cuil. à café de sel
12 cl d'eau
6 cl d'huile d'olive (ou 15 g de beurre fondu)

Hachez finement les feuilles de sauge ou de menthe.

Dans le bol d'un robot mixeur, mélangez la semoule, la farine et l'huile d'arachide, donnez quelques impulsions d'hélice. Ajoutez les feuilles hachées, le sel et l'eau, donnez de nouveau quelques impulsions d'hélice puis laissez tourner en continu jusqu'à ce que le mélange soit homogène.

Sortez la pâte du robot, posez-la sur un plan de travail saupoudré de semoule et très légèrement fariné.

Divisez la pâte en deux, roulez-les en deux boules et aplatissez-les pour obtenir deux disques de 1 cm d'épaisseur.

Faites cuire les pains dans une poêle légèrement graissée, 20 min de chaque côté.

Rompez les pains dans un plat et versez l'huile d'olive dessus.

Servez avec du thé ou, si vous avez choisi la sauge, en accompagnement d'un poisson.

Pains à la semoule

Voici un pain très dense car le réseau créé par les protéines de la farine de blé, qui dans un pain traditionnel retient le gaz produit par la fermentation, est altéré par la semoule. À déguster en tranches grillées avec des poissons comme les anchois, le hareng, les filets de maquereaux ou de la charcuterie.

Pour 4 petits pains ou 1 grosse boule

350 g de semoule fine
100 g de farine blanche
1 cuil. à café de sel
1/2 sachet de levure déshydratée (2,5 g)
43 cl d'eau tiède

Dans le bol d'un robot mixeur, versez tous les ingrédients sauf la levure et l'eau.

Délayez la levure dans un peu d'eau. Versez la moitié de l'eau restante et la levure délayée dans le robot. Donnez quelques tours d'hélice par courtes impulsions, versez le reste de l'eau petit à petit.

Débarrassez la pâte dans un saladier fariné en lui donnant une forme de boule, couvrez d'un plastique et laissez reposer 1 h.

Préchauffez votre four à 200 °C (th. 6-7).

Sortez la pâte du saladier, divisez-la en quatre parts ou laissez-la entière. Roulez en une ou plusieurs boules et pratiquez sur chacune des incisions comme si vous marquiez des parts.

Faites cuire 45 min puis laissez refroidir.

Galettes de semoule au miel

Ces galettes originaires du Maroc sont délicieuses agrémentées d'herbes aromatiques, comme de la menthe fraîche ou encore de la ciboulette si vous voulez les consommer avec des fromages frais. Prenez garde de ne pas superposer les galettes qui ne sont pas refroidies, sinon elles risquent de coller les unes aux autres.

Pour 10 galettes environ

1/2 cuil. à café de levure sèche

1 sachet de levure chimique

250 g de semoule fine

50 g de farine

50 cl d'eau tiède

1 cuil. à café rase de sel

1 cuil. à soupe de fleur d'oranger

100 g de beurre

100 g de miel

1 filet d'huile pour la poêle

Délayez, dans un grand saladier, la levure sèche et la levure chimique dans l'eau tiède. Ajoutez la semoule, la farine, le sel et l'eau de fleur d'oranger, fouettez pour bien mélanger. Couvrez d'un plastique mais, attention, il ne doit pas toucher la pâte.

Laissez reposer environ 30 min, la pâte doit être un peu mousseuse.

Faites chauffer une poêle antiadhésive, graissez-la très légèrement avec un papier absorbant.

Remuez la pâte et versez une louche dans la poêle chaude ; faites cuire à feu doux, des trous vont se former sur la surface. Retournez la galette un bref instant dans la poêle et débarrassez-la sur une feuille de papier sulfurisé.

Pendant la cuisson des galettes, dans une casserole, faites fondre le beurre et le miel à feu doux.

Posez les galettes froides sur un plat et arrosez-les de la préparation beurre-miel.

Galettes suédoises

Ces galettes sont idéales pour accompagner des fromages frais, des légumes ou encore pour l'apéritif avec de la tapenade ou du saumon.

Pour 5 galettes environ
250 g de farine de seigle
1 cuil. à café rase de sel
25 g de beurre ramolli
1 sachet de levure sèche (5 g)
15 cl d'eau
40 g de son (magasin bio)
1 noisette de beurre pour la plaque

Préchauffez votre four à 240 °C (th. 8).

Dans le bol d'un robot mixeur, versez la farine, le sel et le beurre, battez de manière à ce que le beurre soit grossièrement mélangé.

Délayez la levure dans l'eau, versez dans le bol du robot, pétrissez et, quand la pâte se forme, ajoutez le son ; pétrissez de nouveau de manière à bien le mélanger, cela demande environ 30 sec.

Sortez la pâte du bol du robot et divisez-la en 5 pièces. Étalez chacune en disque sur un plan de travail fariné, piquez généreusement la pâte et placez les disques sur la plaque du four beurrée.

Faites un trou de 3 cm de diamètre au milieu de chaque galette, enfournez-les et faites cuire 15 min environ.

Les galettes doivent être croustillantes, prolongez la cuisson si besoin.

Pain azyme

Pour 5 pièces environ
140 g de farine blanche
80 g de farine complète
16 cl d'eau
huile d'olive
graines aromatiques ou herbes sèches
  en fonction de votre goût (facultatif)

Dans le bol d'un robot mixeur, versez tous les ingrédients, sauf l'huile d'olive et les graines si vous en avez choisies. Donnez quelques tours d'hélice jusqu'à ce que la pâte se forme.

Débarrassez la pâte sur un plan de travail fariné, couvrez d'un plastique et laissez reposer au moins 1 h. Plus la pâte reposera, plus elle sera facile à travailler.

Préchauffez votre four à 240 °C (th. 8).

Divisez la pâte en autant de pains que vous le souhaitez et étalez-les très finement à l'aide d'un rouleau à pâtisserie. Graissez-les avec un peu d'huile d'olive, puis parsemez-les de graines aromatiques ou d'herbes sèches de votre choix.

Faites cuire entre 10 et 20 min sur la plaque du four graissée.

Petits pains anglais

Vous pouvez couper ces petits pains en deux après léger refroidissement et les toaster pour le petit déjeuner ou pour un brunch. Ils accompagnent très bien le bacon, les œufs au plat ou brouillés ou même les haricots.
Un vrai délice avec de la confiture, tout simplement !

Pour 10 petits pains environ
1 cuil. à café de levure sèche
  ou 8 g de levure fraîche
10 cl d'eau tiède
350 g de farine blanche

15 cl de lait
1 cuil. à café de sel
1/2 cuil. à café de sucre
1,5 cuil. à soupe d'huile d'olive
semoule fine

Délayez la levure dans l'eau tiède.

Dans le bol d'un robot mixeur, versez la farine, l'eau, le lait, le sel, le sucre et l'huile, donnez quelques impulsions d'hélice pour mélanger et procédez ensuite en continu jusqu'à ce que la pâte soit formée.

Saupoudrez le plan de travail avec de la semoule (ou de la farine), couvrez d'un plastique et laissez reposer de 1 h à 1 h 30 : la pâte doit doubler de volume.

Saupoudrez le plan de travail avec de la semoule, étalez la pâte et découpez 10 disques de pâte à l'aide d'un emporte-pièce ou d'un verre retourné.

Réservez ces pains sur une feuille de papier sulfurisé généreusement saupoudrée de semoule et d'un peu de farine, couvrez d'un plastique et laissez pousser environ 30 à 40 min dans un endroit plutôt chaud (votre four préchauffé doucement peut faire l'affaire).

Chauffez une poêle à feu doux, graissez-la légèrement et faites cuire ces pains environ 5 à 7 min de chaque côté.

Tortillas

Ce pain originaire du Mexique est délicieux pour réaliser des sandwichs avec de la viande blanche grillée, des haricots rouges et du guacamole... humm !

Pour 10 tortillas environ

150 g de farine de maïs
  (ou farine de froment)
150 g de farine de froment
1 cuil. à café rase de sel
18 cl d'eau froide
1 cuil. à café d'huile d'olive
5 cuil. à café de curry (facultatif)

Dans le bol d'un robot mixeur, versez la ou les farines, le sel, ajoutez petit à petit l'eau, l'huile et le curry. Dès que le mélange est homogène, sortez la pâte du bol, placez-la dans un saladier fariné, couvrez d'un plastique et laissez reposer 1 h.

Préchauffez votre four à 100 °C (th. 3-4).

Détaillez la pâte en petites boules, étalez-les finement et faites-les cuire 1 à 2 min de chaque côté dans une poêle antiadhésive chaude ou, mieux encore, une galettière graissée.

Dans le four chaud, réservez, au fur et à mesure de la cuisson, les tortillas en les enfermant dans un papier d'aluminium jusqu'à leur utilisation.

Bun's

Ces petits pains d'origine anglo-saxonne, traditionnellement dégustés à Pâques et le vendredi saint, sont devenus ces pains ronds que nous connaissons tous avec lesquels nous adorons réaliser nos burgers. Vous pouvez les personnaliser en ajoutant lors du pétrissage des herbes de Provence, du romarin, de la tapenade, du concentré de tomate ou encore du citron confit salé.

Pour 8 boules
500 g de farine blanche
2 petites cuil. à café de sel
30 cl d'eau
2 sachets de levure déshydratée (10 g)

25 g de sucre
1,5 cuil. à soupe d'huile d'olive
25 g de graines de sésame
du poivre du moulin (facultatif)

Dans le bol d'un robot mixeur, versez la farine, le sel, l'eau et la levure délayée, le sucre et l'huile d'olive. Donnez quelques impulsions d'hélice pendant 30 sec puis laissez tourner en continu jusqu'à ce que la pâte soit formée.

Débarrassez la pâte dans un saladier fariné, couvrez d'un plastique et laissez reposer 15 min.

Détaillez la pâte en 12 pièces égales et roulez-les en boules.

Humidifiez un morceau de papier absorbant et versez les graines de sésame dans une assiette.

Posez une feuille de papier sulfurisé sur la plaque du four, humidifiez la surface des boules sur le papier absorbant puis passez-les dans les graines de sésame.

Posez-les sur la plaque, recouvrez d'un plastique et laissez pousser 1 h environ.

Préchauffez votre four à 200 °C (th. 6-7), placez un récipient dans le bas et versez-y un bon verre d'eau pour faire un peu de vapeur.

Enfournez et faites cuire de 15 à 20 min.

Baguettes aux céréales

Ce pain accompagne à merveille tout type de plat, même le petit déjeuner grâce à son apport en céréales.

Pour 10 petites baguettes de 60 g en pâte
370 g de farine blanche type 55 ou 65
230 g d'eau
1 cuil. à café rase de levure sèche
1 cuil. à café pleine de sel

1 cuil. à soupe de graines de lin
1 cuil. à soupe de graines de sésame
1 cuil. à café de graines de pavot
2 cuil. à café de graines de tournesol

Délayez la levure dans l'eau.

Préparez la pâte en suivant les étapes du pétrissage à la main ou au robot mixeur, selon votre choix (voir techniques de pétrissage p. 8).

Laissez reposer la pâte 30 min sur le plan de travail fariné, en la recouvrant avec un plastique (j'utilise un sac poubelle que j'ouvre en deux).

Détaillez la pâte en 10 pièces de 60 g environ puis modelez chaque pièce en forme de petit pain court et laissez-les reposer 15 min en les recouvrant avec le plastique.

Façonnez ensuite en petites baguettes. Vous pouvez tremper le dessus des baguettes dans les céréales après les avoir humidifiées.

Placez les baguettes sur un torchon fariné en les séparant par un pli. Recouvrez avec le plastique et laissez pousser 1 h.

Pendant ce temps, préchauffez votre four à 240 °C (th. 8) en plaçant dans le bas une plaque ou un récipient métallique, pour faire de la vapeur d'eau, et au milieu la lèchefrite.

Quand les baguettes sont poussées, déposez-les délicatement sur une feuille de papier sulfurisé. Avec une lame de couteau, de rasoir ou de cutter, faites deux incisions sur la surface de la pâte en inclinant la lame à 45 °.

Faites glisser la feuille de papier sulfurisé sur la lèchefrite chaude.

Versez un demi-verre d'eau dans le plat métallique, refermez la porte et attendez 30 sec avant d'enfourner les baguettes. Baissez alors la température à 210 °C (th. 7). Laissez cuire environ 12 min.

Sortez les pains du four, décollez-les et laissez-les refroidir sur une grille.

Bagels

À servir entiers ou coupés en deux avec des garnitures sucrées ou salées, voire même sucrées-salées... c'est tellement bon !

Pour 10 bagels environ
8 g de levure fraîche
  ou 1 cuil. à café de levure de boulanger
200 g de farine
12 cl de lait
30 g de beurre

15 g de sucre
1 cuil. à café de sel
1 blanc d'œuf
  (+ 1 œuf pour dorer, facultatif)
graines de sésame, graines de pavot,
  herbes déshydratées... (pour la décoration)

Dans le bol d'un robot mixeur, versez les ingrédients en prenant soin de délayer d'abord la levure dans le lait légèrement tiédi. Réservez les éléments de décor pour la fin.

Quand la pâte est formée, débarrassez-la dans un saladier fariné, couvrez-la d'un plastique et laissez pousser 2 h.

Sortez la pâte du saladier, aplatissez-la et détaillez-la en 10 pièces égales. Formez des boules et, avec votre pouce, formez un trou de 4 à 5 cm de diamètre au milieu de chacune.

Posez les bagels sur un plan de travail fariné, couvrez-les d'un plastique et laissez pousser 30 min.

Pendant ce temps, préchauffez votre four à 180 °C (th. 6).

Faites chauffer de l'eau dans une casserole et, dès qu'elle est frémissante, plongez-y les bagels 30 sec. Débarrassez-les sur un papier absorbant en vous aidant d'une écumoire.

Passez les bagels dans le pavot, les graines de sésame ou les herbes déshydratées et posez-les sur la plaque du four recouverte de papier sulfurisé (si vous voulez des bagels bien brillants, badigeonnez-les d'œuf battu avant de les tremper dans les graines ou herbes de votre choix).

Faites cuire de 20 à 25 min environ.

Pain noir aux graines de coriandre et aux flocons d'avoine

J'aurais préféré vous proposer une recette de pumpernickel… mais elle est beaucoup trop longue et difficile à réaliser ! J'espère que ce compromis vous plaira, en tout cas moi je suis convaincu !

Pour un moule à cake de 16 cm environ

25 g de beurre
60 g de mélasse
  (magasins bio ou épiceries libanaises)
28 cl d'eau
25 g de farine blanche
1 cuil. à soupe de graines de coriandre

1 sachet de levure sèche (5 g)
3 cuil. à café d'eau
100 g de farine de seigle
265 g de farine de froment
2 cuil. à soupe de flocons d'avoine
1 cuil. à café de sel
1 noisette de beurre pour le moule

Dans une casserole, faites fondre le beurre avec la mélasse et l'eau, ajoutez la farine blanche et portez à ébullition en fouettant sans cesse ; ajoutez les graines de coriandre. Laissez tiédir.

Délayez la levure sèche avec les 3 cuil. à café d'eau et ajoutez-la au mélange tiédi.

Dans un grand saladier, versez les farines de seigle et de froment, les flocons d'avoine, faites un puits, ajoutez le sel et le liquide préparé précédemment. Mélangez et, quand la pâte commence à se former, mettez-la sur le plan de travail fariné.

Pétrissez 10 min ; si la pâte colle, ajoutez de la farine. Placez la pâte dans le saladier fariné, couvrez d'un plastique et laissez pousser 1 h. Graissez un moule à cake.

Sur le plan de travail fariné, étalez délicatement la pâte à la main. Roulez-la et faites un petit pain de la longueur du moule.

Appliquez le pain sur un papier absorbant humide et roulez-le ensuite dans les flocons d'avoine. Placez le pain dans le moule, couvrez d'un plastique et laissez pousser jusqu'à ce que la pâte arrive en haut du moule.

Préchauffez le four à 210 °C (th. 7) en plaçant la lèchefrite dans le bas.

Enfournez et versez un verre d'eau dans la lèchefrite.

Faites cuire 10 min, puis continuez la cuisson de 30 à 40 min environ en baissant le four à 180 °C (th. 6).

Quand vous démoulez le pain, il doit résonner quand vous le tapez sur le dessous.

Laissez refroidir sur une grille.

Pain roulé au pavot

J'ai découvert ce pain en Russie. C'est un vrai régal alors partageons-le !
Un conseil : conservez-le dans un sac plastique, il va s'attendrir.

Pour 2 roulés
350 g de farine blanche
1 cuil. à café rase de sel
30 g de sucre
1 cuil. à café de levure déshydratée
12 cl de lait
60 g de beurre fondu froid
1 œuf (pour dorer)

Pour la garniture :
120 g de graines de pavot
50 g de beurre
75 g de sucre
2 cuil. à soupe de miel
75 g de raisins noirs secs
50 g d'écorces d'orange confites

Dans le bol d'un robot mixeur, versez tous les ingrédients de la pâte en ayant préalablement dilué la levure dans le liquide.

Pétrissez et, quand la pâte est homogène, retirez-la et placez-la dans un saladier fariné. Couvrez la pâte d'un plastique et laissez pousser environ 1 h.

Pendant ce temps, préparez la garniture : faites bouillir de l'eau, faites-y cuire les graines de pavot pendant 10 min et réservez jusqu'à complet refroidissement. Dans une poêle, faites fondre le beurre et faites revenir les graines de pavot après les avoir égouttées avec le sucre, le miel, les raisins et les écorces d'orange. Laissez refroidir cette préparation.

Divisez la pâte en deux. Étalez chaque part de pâte en rectangle, répartissez la garniture dessus puis roulez-les. Posez-les ensuite sur la plaque du four recouverte d'un papier sulfurisé (la soudure du rouleau doit être dessous), couvrez d'un plastique et faites pousser 45 min.

Préchauffez votre four à 180 °C (th. 6). Dorez les roulés avec de l'œuf battu, enfournez, puis faites cuire environ 20 min. Si les pains prennent couleur trop rapidement, baissez la température à 150 °C (th. 5), ou couvrez-les de papier sulfurisé, et prolongez la cuisson de 5 min.

Laissez refroidir avant de déguster.

Spécial machine à pain

Voici des pains aromatiques qui se marient
à merveille avec le fromage. Mon astuce :
congelez-les coupés en tranches pour en avoir
toujours à toaster ! Je vous suggère plusieurs
programmes de cuisson, rapide/normal ou
sucré. Avec le mode rapide, le pain sera plus
petit. Et si votre machine le permet, doubler
les quantités et votre pain n'en sera que plus
savoureux. Vous vous régalerez deux fois plus !

Pain au cumin

Ce pain est un délice avec les fromages frais, les mimolettes ou les fromages de chèvre !

Pour 1 pain
2 cuil. à café de levure sèche
   ou 12 g de levure fraîche
13 cl d'eau
13 cl de lait
1 cuil. à soupe d'huile d'olive
350 g de farine blanche
1 cuil. à café de sel
2 cuil. à soupe de graines de cumin

Délayez la levure dans une petite quantité d'eau tiède.

Mettez tous les ingrédients dans la machine en respectant l'ordre indiqué.

Faites démarrer votre machine sur le programme pain normal ou pain rapide.

Coupez le pain en tranches et dégustez-les grillées.

Brioche sur poolish

Pour 1 brioche
10 cl de lait
3 œufs
2 cuil. à café de levure sèche
150 g de farine
1,5 cuil. de sel
60 g de sucre
200 g de beurre fondu

Dans un saladier, mélangez le lait et 1 œuf avec la levure délayée dans un peu d'eau tiède et la farine ; fouettez pour bien mélanger.

Réservez 1 h à 1 h 30 dans un endroit chaud : ce levain liquide (appelé aussi « poolish ») doit commencer à mousser.

Mettez la poolish dans la cuve de la machine, ajoutez les 2 œufs restants, le sel et le sucre.

Faites démarrer votre machine sur le programme pain sucré.

Pendant les dix premières minutes de pétrissage, versez au fur et à mesure le beurre fondu.

Brioche épicée
à la confiture de cerises noires

Délicieux pour accompagner les fromages persillés !

Pour 1 brioche
1 cuil. à café rase de levure sèche
  ou 8 g de levure fraîche
3 œufs
250 g de farine blanche
40 g de sucre
1 cuil. à café de sel
2 cuil. à café de quatre-épices
150 g de beurre fondu
100 g de confiture de cerises noires

Délayez la levure dans un peu d'eau tiède.

Mettez, dans la cuve de la machine, les œufs, la farine, le sucre, la levure délayée dans un peu d'eau, le sel et le quatre-épices.

Faites démarrer votre machine sur le programme pain sucré.

Pendant les dix premières minutes de pétrissage, versez au fur et à mesure le beurre fondu.

Ajoutez la confiture.

Coupez la brioche en tranches et dégustez-les grillées.

Pain aux céréales du petit déjeuner

Pour 1 pain

2 cuil. à café de levure sèche
 ou 12 g de levure fraîche
25 cl d'eau tiède
350 g de farine de seigle
1 cuil. à soupe de miel
1,5 cuil. à café de sel
50 g de raisins secs
50 g d'abricots secs
50 g de figues mi-sèches
50 g de noisettes
50 g d'amandes

Délayez la levure dans une petite partie de l'eau tiède.

Mettez, dans la cuve de la machine, l'eau et la levure délayée, la farine, le miel et le sel.

Faites démarrer votre machine sur le programme pain normal ou pain rapide.

Hachez les abricots et les figues. Concassez les amandes et les noisettes.

Après 10 min de pétrissage, ajoutez les fruits.

Pain aux noix

Idéal pour déguster les fromages à pâte cuite ou persillée.

Pour 1 pain
2 cuil. à café de levure sèche
  ou 12 g de levure fraîche
15 cl d'eau
9 cl d'alcool de noix
  (ou d'eau si vous n'en avez pas)
1 cuil. à soupe d'huile
350 g de farine complète
1 cuil. à café de sel
60 g de cerneaux de noix

Délayez la levure dans une petite quantité d'eau tiède.

Mettez tous les ingrédients, sauf les cerneaux de noix, en respectant l'ordre indiqué.

Faites démarrer votre machine sur le programme pain normal ou pain rapide.

Concassez grossièrement les cerneaux de noix. Ajoutez-les lorsque la machine émet le signal d'ajout d'ingrédients (si votre machine le permet, sinon environ 15 min après le démarrage du cycle).

Coupez le pain en tranches et grillez-les avant de les déguster.

Pain aux figues

Un pain délicieux pour accompagner les fromages à pâte molle fruitée, les fromages frais ou encore les fromages de chèvre.

Pour 1 pain
2 cuil. à café de levure sèche
   ou 12 g de levure fraîche
23 cl d'eau
1 cuil. à soupe d'huile d'olive
350 g de farine
1 cuil. à café de sel
2 cuil. à café de sucre
60 à 100 g de figues sèches

Délayez la levure dans un peu d'eau tiède.

Ajoutez tous les ingrédients, sauf les figues, dans la machine en respectant l'ordre indiqué.

Faites démarrer votre machine sur le programme pain normal ou pain rapide.

Hachez les figues grossièrement. Mettez-les dans la cuve lorsque la machine émet le signal d'ajout d'ingrédients (si votre machine le permet, sinon environ 15 min après le démarrage du cycle).

Coupez le pain en tranches et grillez-les avant de les déguster.

Pain à la pâte fermentée

Pour 1 pain

1/2 cuil. à café de levure sèche

24 cl d'eau

350 g de farine blanche

1 cuil. à café de sucre

1 cuil. à café de sel

200 g de pâte fermentée

Délayez la levure dans l'eau.

Versez tous les ingrédients, sauf la pâte fermentée, dans la machine à pain.

Faites démarrer votre machine sur le programme pain normal ou rapide.

Ajoutez la pâte fermentée 10 min après le début du pétrissage.

Pour éviter de préparer une pâte fermentée, vous pouvez réaliser une pâte classique. Après le pétrissage, placez-la au réfrigérateur de 24 à 72 h.

Pain de mie

Voici un pain que vous aurez plaisir à déguster en tranches grillées avec du foie gras ou du saumon !

Pour 1 pain
2 cuil. à café de levure sèche
  ou 12 g de levure fraîche
24 cl de lait
350 g de farine blanche
1 cuil. à café de sel
1 cuil. à soupe de sucre
40 g de beurre ramolli

Délayez la levure dans une petite quantité de lait tiède.

Versez, dans la cuve de la machine, le lait et la levure délayée, la farine et tous les autres ingrédients.

Faites démarrer votre machine sur le programme pain rapide ou pain normal.

Pain sans gluten

Pour 1 pain
2 cuil. à café de levure sèche
24 cl d'eau
1 cuil. à soupe de miel
1 cuil. à soupe d'huile d'olive
350 g de farine de sarrasin
1,5 cuil. à café de sel

Délayez la levure dans une petite partie de l'eau tiède.

Mettez, dans la cuve de votre machine, les ingrédients en suivant l'ordre indiqué.

Faites démarrer votre machine sur le programme pain sans gluten.

Vous pouvez également choisir une pâte sans gluten chez votre revendeur de produits biologiques. La farine de sarrasin est malgré tout plus simple à trouver.

Pain au lait et à l'aneth

Un pain qui accompagnera à merveille du saumon ou des fromages frais agrémentés d'huile d'olive, de poivre et d'herbes fraîches.

Pour 1 pain
2 cuil. à café de levure sèche
300 ml de lait
150 g de beurre ramolli
500 g de farine blanche
1,5 cuil. à café de sel
60 g de sucre
2 cuil. à café de sucre
2 cuil. à soupe d'aneth fraîche hachée

Délayez la levure dans une petite quantité de lait tiède.

Mettez tous les ingrédients en respectant l'ordre indiqué.

Faites démarrer votre machine sur le programme pain normal ou pain rapide.

Coupez le pain en tranches et dégustez-les grillées.

Les viennoiseries

Un grand moment à partager d'abord dans la cuisine et ensuite pour le bonheur de tous, j'en suis persuadé, autour d'un bon café, d'un thé, d'un chocolat chaud voir même d'un verre de lait pour les plus petits...

Brioches

La méthode indiquée est un peu raccourcie. Pour obtenir une brioche fine et très aromatique il est préférable de la laisser au frais une nuit. La matière grasse va fixer les arômes de la fermentation pendant cette période.

Pour 10 petites brioches
40 g de sucre
1 cuil. à café de sel (5 g)
3 œufs (+ 1 œuf pour dorer)
1 cuil. à café rase de levure déshydratée
250 g de farine blanche
150 g de beurre

Mélangez, dans un saladier, le sucre, le sel et les œufs et, dans un bol, la levure avec 1 cuil. à soupe d'eau.

Versez la farine dans le bol d'un robot mixeur, ajoutez le mélange préparé ci-dessus et la levure délayée, donnez quelques impulsions d'hélice pour mélanger, puis laissez tourner en continu jusqu'à ce que la pâte se forme. Ajoutez le beurre préalablement ramolli et continuez de pétrir un peu.

Débarrassez la pâte sur un plan de travail fariné, pliez-la sur elle-même plusieurs fois, farinez à nouveau si nécessaire. Couvrez la pâte d'un plastique et laissez-la reposer 1 h.

Aplatissez-la ensuite avec les mains, rabattez le bord au centre et laissez-la reposer 1 h à nouveau, couverte d'un plastique.

Détaillez la pâte en petites pièces, roulez-les en boules et placez-les sur la plaque du four sur une feuille de papier sulfurisé. Couvrez d'un plastique et laissez pousser de 45 min à 1 h.

10 min avant la cuisson, préchauffez le four à 180 °C (th. 6).

Cassez l'œuf restant dans un bol, ajoutez 1 pincée de sel et battez-le. À l'aide d'un pinceau, passez de l'œuf battu sur les brioches puis, avec une paire de ciseaux, faites une incision de 1 cm de profondeur dans chacunes d'elles. Trempez à chaque fois les ciseaux dans de l'eau froide.

Faites cuire environ 10 min en fonction de la taille des brioches.

Croissants

Ah le croissant, c'est un vrai plaisir à déguster ! Il est également très intéressant de savoir comment cela se prépare. Il faut cependant être patient car c'est un peu long à réaliser. Beaucoup plus rapide à manger !

Pour 10 croissants
1 cuil. à café rase de levure sèche
  ou 8 g de levure fraîche
130 ml d'eau froide
250 g de farine blanche
30 g de sucre
1 cuil. à café de sel
25 g de beurre fondu
125 g de beurre pour le tourage
  (c'est le mot professionnel quand
  on incorpore du beurre dans une pâte)
1 œuf

Coupez un morceau de plastique dans un sac poubelle d'environ 50 cm sur 50 cm.

Délayez la levure dans l'eau.

Dans le bol d'un robot mixeur, versez tous les ingrédients, donnez quelques impulsions d'hélice pour mélanger puis laissez tourner en continu jusqu'à ce que la pâte soit pétrie. Réservez-la au frais pendant 20 min.

À l'aide d'un rouleau à pâtisserie, tapez le beurre du tourage dans le plastique de manière à obtenir un carré de 0,5 cm d'épaisseur. N'hésitez pas à fariner.

Sur un plan de travail légèrement fariné, étalez la pâte en carré (un peu plus grand que la taille du beurre), positionnez le beurre de telle sorte que les angles du carré de beurre soient placés au milieu des côtés du carré de pâte. Laissez apparaître des languettes de pâte. Rabattez les pointes de ces languettes au milieu du carré de beurre, il est ainsi prisonnier de la pâte. Vous obtenez maintenant « un pâton de croissant ». Tapez la pâte doucement pour commencer à l'allonger, continuez jusqu'à avoir un pâton de 35 cm de longueur environ. Ne donnez pas de largeur.

Pliez la pâte en trois parties égales. Placez le pâton au frais 20 min dans le plastique. Renouvelez deux fois cette opération.

Ensuite sortez le pâton du réfrigérateur, farinez légèrement le plan de travail et allongez-le jusqu'à environ 55 cm, donnez-lui maintenant un peu de largeur si nécessaire (il doit faire environ 15 cm). Soulevez légèrement le pâton de temps en temps et vérifiez ses dimensions.

Lorsque le pâton est à la bonne taille, en vous aidant d'une règle, reportez sur le bord inférieur cinq fois 10 cm en partant du bord. Faites de même sur le bord supérieur en décalant votre point de départ de 5 cm. Avec un couteau, coupez des triangles en suivant les points marqués. Prenez un triangle, faites un premier pli un peu serré au niveau de la base et roulez. Faites de même avec les autres.

Posez les croissants sur la plaque du four recouverte d'un papier sulfurisé, couvrez-les avec un plastique et laissez pousser 1 h 30 environ, ils doivent doubler de volume.

Préchauffez votre four à 210 °C (th. 7).

Appliquez l'œuf battu au moment de mettre au four.

Enfournez et baissez la température à 180 °C (th. 6).

Faites cuire environ 15 min.

Pains au chocolat

Vous voulez du chocolat, et bien c'est parti !

Pour 10 pains au chocolat
1 plaquette de chocolat
  avec des carrés pas trop gros
1 sachet de levure sèche (5 g)
  ou 8 g de levure fraîche
130 ml d'eau froide
250 g de farine blanche
30 g de sucre
1 cuil. à café de sel
25 g de beurre fondu
125 g de beurre pour le tourage
1 œuf

Cassez le chocolat en 10 barres de 4 carrés ; réservez-les.

Coupez un morceau de plastique dans un sac poubelle d'environ 50 cm sur 50 cm.

Délayez la levure dans l'eau.

Dans le bol d'un robot mixeur, versez tous les ingrédients, donnez quelques impulsions d'hélice pour mélanger puis laissez tourner en continu jusqu'à ce que la pâte soit pétrie. Réservez-la au frais pendant 20 min.

À l'aide d'un rouleau à pâtisserie, tapez le beurre du tourage dans le plastique de manière à obtenir un carré de 0,5 cm d'épaisseur. N'hésitez pas à fariner.

Sur un plan de travail légèrement fariné, étalez la pâte en carré (un peu plus grand que le beurre), positionnez le beurre de telle sorte que les angles du carré soient placés au milieu des côtés du carré de pâte. Laissez apparaître des languettes de pâte. Rabattez les pointes de ces languettes au milieu du carré de beurre, celui-ci est ainsi prisonnier de la pâte. Vous obtenez maintenant « un pâton de croissant ». Tapez la pâte doucement pour commencer à l'allonger, continuez progressivement jusqu'à obtenir un pâton de 35 cm de longueur environ. Ne donnez pas de largeur.

Pliez la pâte en trois parties égales. Placez le pâton au frais 20 min dans le plastique.

Renouvelez deux fois cette opération.

Ensuite, sortez le pâton du réfrigérateur, farinez légèrement le plan de travail et allongez-le jusqu'à environ 45 à 50 cm, en lui donnant maintenant un peu de largeur (environ 20 cm). Soulevez légèrement le pâton de temps en temps et vérifiez les dimensions.

Lorsque le pâton est à la bonne taille, pliez-le en deux pour diviser la largeur, marquez le pli en appuyant légèrement avec votre main, dépliez et coupez sur le trait que vous venez de marquer.

Prenez une bande, en partant du bord et en vous aidant d'une règle, reportez cinq fois 10 cm, coupez les rectangles ainsi marqués. Faites de même avec la bande de pâte restante.

Prenez un rectangle, placez une barre de chocolat, faites un premier pli un peu serré et roulez. Faites de même avec les autres.

Posez les pains au chocolat sur la plaque du four recouverte de papier sulfurisé, couvez-les avec un plastique et laissez pousser 1 h 30 environ, ils doivent doubler de volume.

Préchauffez votre four à 210 °C (th. 7).

Appliquez l'œuf battu au moment de mettre au four.

Enfournez et baissez la température à 180 °C (th. 6).

Faites cuire environ 15 à 20 min.

Roulé au praliné
ou à la pâte à tartiner

C'est une viennoiserie faite spécialement pour les gourmands. Je vous donne la recette du praliné mais, si c'est trop long, vous pouvez toujours choisir la pâte à tartiner.

Pour 6 personnes
1 recette de brioche, quantités doublées
  (voir p. 88)
200 g de noisettes
150 g de sucre
2 cuil. à soupe d'eau

1 cuil. à café de jus de citron
huile pour le plat
beurre pour le moule
1 œuf
1 moule à génoise de 22 cm de diamètre

Commencez par réaliser la pâte à brioche.

Préchauffez le four à 180 °C (th. 6).

Passez les noisettes au four jusqu'à ce qu'elles grillent un peu.

Pendant ce temps, graissez généreusement un plat avec de l'huile. Versez le sucre, l'eau et le jus de citron dans une casserole et faites un caramel ; démarrez à feu doux et, lorsque le sucre est fondu, augmentez le feu jusqu'à obtenir un caramel un peu foncé.

Versez les noisettes en gardant la casserole sur le feu et mélangez rapidement, versez tout de suite sur le plat graissé, étalez avec 1 cuil. à soupe graissée généreusement. Laissez refroidir.

Concassez le caramel et passez-le au robot : allez très lentement au départ et de plus en plus vite pour obtenir une crème lisse.

Prélevez 300 g de pâte à brioche, étalez-la et appliquez-la dans le fond du moule à génoise graissé au beurre. La pâte doit remonter jusqu'en haut du moule.

Étalez le reste de pâte en rectangle de 30 sur 40 cm environ.

Étalez le praliné et roulez en prenant comme base la partie la plus étroite.

Découpez 5 tronçons et placez-les dans le moule la tranche visible.

Faites pousser recouvert d'un plastique environ 1 h.

Dorez avec de l'œuf battu et faites cuire environ 30 min.

Si le praliné est trop ferme, assouplissez-le soit en le passant au four à micro-ondes, soit en ajoutant un peu d'huile.

Si vraiment vous n'avez pas le temps, remplacez le praliné par de la pâte à tartiner.

Pains aux raisins

Tout le monde connaît les pains aux raisins. Je vous propose ici une recette avec une pâte à brioche, que vous pouvez également faire avec une pâte à croissant. Et pour gagner du temps, réalisez la pâte la veille.

Pour environ 8 pains aux raisins
1 recette de brioche (voir p. 88)
100 g de raisins secs
10 cl de rhum
25 cl de lait
50 g de sucre

1 œuf (+ 1 œuf pour dorer)
25 g de poudre à flan
 (rayon aide à la pâtisserie des supermarchés)
 ou de Maïzena
25 g de beurre

Commencez par réaliser la pâte à brioche.

Faites macérer les raisins dans le rhum et réservez.

Réalisez une crème pâtissière ; faites chauffer le lait dans une petite casserole. Dans un saladier, cassez l'œuf et fouettez-le avec le sucre, ajoutez la poudre à flan ou la Maïzena (dans ce cas-là, ajoutez 1 cuil. à café d'extrait de vanille ou 1 gousse de vanille ouverte en deux et grattée, dans le lait).

Quand le lait est à ébullition, versez-le sur le mélange précédent dans le saladier tout en fouettant.

Versez dans la casserole et, sans cesser de fouetter, portez à ébullition. Retirez du feu et ajoutez le beurre, mélangez jusqu'à ce qu'il fonde, débarrassez dans une assiette, couvrez d'un film étirable et laissez refroidir au réfrigérateur.

Étalez la pâte à brioche en rectangle, sur un plan de travail fariné. Étalez la crème pâtissière préalablement fouettée (vous n'aurez normalement pas besoin de toute la crème pâtissière), laissez une bande de pâte de 3 cm non recouverte de crème et répartissez sur la surface les raisins égouttés.

Roulez et terminez par la partie de pâte non recouverte de crème, passez un peu d'œuf battu sur cette partie pour fermer le rouleau.

Coupez 8 pains aux raisins, posez-les sur la plaque du four recouverte d'un papier sulfurisé.

Badigeonnez-les d'œuf battu, laissez pousser 2 h environ (tout dépend de la température de l'endroit) et couvrez d'un plastique si la pâte sèche.

Préchauffez votre four à 180 °C (th. 6).

Badigeonnez de nouveau d'œuf battu et faites cuire environ 18 min.

Pains au lait

La pâte pour le pain au lait est à peu près la même que celle de la brioche avec un peu moins de beurre et du lait en plus. Coupez-les en deux et faites-les légèrement toaster... un régal !

Pour 10 petits pains au lait
2 cuil. à soupe de sucre
sel
1 œuf (+ 1 œuf pour dorer)
10 cl de lait

1 cuil. à café de levure sèche
 ou 8 g de levure fraîche
250 g de farine
1 cuil. à soupe de poudre de lait
40 g de beurre

Mélangez, dans un saladier, le sucre, 1 cuil. à café de sel, l'œuf et le lait. Délayez la levure dans ce mélange.

Dans le bol d'un robot mixeur, mettez toutes les matières premières sauf le beurre. Donnez quelques impulsions d'hélice pour mélanger et procédez ensuite en continu jusqu'à ce que la pâte se forme.

Détaillez la pâte en deux parties, coupez le beurre en petits morceaux et répartissez-les dans la pâte. Mélangez jusqu'à ce que le beurre soit complètement incorporé. Rassemblez les deux parties de pâte puis faites une boule, placez-la dans un saladier fariné, couvrez-la d'un plastique et réservez 1 h dans un endroit tempéré.

Aplatissez la pâte avec les mains, formez de nouveau une boule et placez-la, couverte d'un plastique, au réfrigérateur pendant 1 h 30.

Ensuite, détaillez en petites pièces. Couvrez d'un plastique et laissez reposer 10 min. Façonnez en petits pains : aplatissez la pâte, faites un premier pli, un deuxième et ensuite roulez.

Posez les petits pains sur la plaque du four recouverte de papier sulfurisé ; attention : la fermeture doit être au contact de la feuille. Couvrez d'un plastique et laissez pousser de 45 min à 1 h.

20 min avant la cuisson, préchauffez le four à 180 °C (th. 6).

Cassez 1 œuf dans un bol, ajoutez 1 pincée de sel et battez-le. À l'aide d'un pinceau, passez de l'œuf battu sur les pains puis, avec une paire de ciseaux, faites quelques incisions de 0,5 cm de profondeur. Trempez à chaque fois les ciseaux dans de l'eau froide.

Faites cuire de 10 à 15 min, en fonction de la taille des pains ; à la fin de la cuisson, les pains au lait doivent être marron clair ou blonds si vous les aimez tendres !

Stöllen

Il fait partie de mes viennoiseries préférées ! C'est une spécialité de l'Est réalisée à l'occasion de Noël.

Pour 2 stöllens

1 recette de pain au lait (voir p. 97)
100 g de raisins secs
10 cl de rhum
4 capsules de cardamome
1 cuil. à café de vanille liquide
1/2 cuil. à café de cannelle en poudre

1 pointe de muscade (facultatif)
60 g de zestes d'orange confits
60 g d'amandes entières pelées
200 g de pâte d'amandes blanche
  (en rayon pâtisserie)
1 goutte d'amande amère (facultatif)
1 œuf pour dorer

Faites macérer les raisins dans le rhum dans un récipient en plastique et passez 1 min au micro-ondes ; laissez refroidir et égouttez.

Faites infuser la cardamome concassée dans le lait tiédi (voir recette des pains au lait p. 97) avec la vanille liquide, la cannelle et la muscade. Laissez infuser couvert pendant 20 min, passez à travers une passoire.

Hachez grossièrement les amandes.

Ensuite, réalisez la pâte à pain au lait et, à la fin du pétrissage, ajoutez les amandes, les zestes d'orange et les raisins.

Placez la pâte dans un saladier et laissez reposer environ 1 h couvert d'un plastique.

Travaillez la pâte d'amandes avec la goutte d'amande amère, faites deux rouleaux avec cette pâte d'amandes et réservez.

Divisez la pâte en deux, étalez chaque morceau sur un plan de travail fariné, la largeur doit être de la longueur des rouleaux de pâte d'amandes. Placez un rouleau au milieu de la pâte, badigeonnez une moitié d'un peu d'œuf battu, pliez-la en deux, posez-la sur une feuille de papier sulfurisé, faites de même avec l'autre pâte. Posez les stöllens sur un papier cuisson.

Couvrez d'un plastique et laissez pousser 1 h 30.

Préchauffez votre four à 180 °C (th. 6) avec la plaque à l'intérieur.

Dorez la surface des stöllens avec de l'œuf battu.

À l'aide d'un morceau de carton, faites glisser les stöllens sur la plaque du four chaude, enfournez et faites cuire environ 20 min. Si votre four est trop petit, utilisez deux morceaux de papier cuisson.

Brioche suisse

Encore une de mes viennoiseries préférées. Je vous conseille vraiment de l'essayer. Vous pouvez même commander la pâte à brioche chez votre boulanger.

Pour 6 personnes

1 recette de brioche, quantités doublées (voir p. 88)

25 cl de lait

50 g de sucre

1 œuf (+ 1 œuf pour dorer)

25 g de poudre à flan (rayon aide à la pâtisserie des supermarchés) ou de Maïzena

25 g de beurre pour le moule

150 g de fruits confits multicolores ou des raisins secs trempés 1 nuit dans le rhum

1 moule à génoise de 22 cm de diamètre

Commencez par préparer la pâte à brioche.

Réalisez une crème pâtissière : faites chauffer le lait dans une petite casserole. Dans un saladier, cassez l'œuf et fouettez-le avec le sucre, ajoutez la poudre à flan (ou la Maïzena ; ajoutez alors 1 cuil. à café d'extrait de vanille ou 1 gousse de vanille ouverte en deux et grattée, dans le lait).

Quand le lait est à ébullition, versez-le sur le mélange précédent tout en fouettant.

Versez dans la casserole et, sans cesser de fouetter, portez à ébullition. Retirez du feu et ajoutez le beurre, mélangez jusqu'à ce qu'il fonde, débarrassez dans une assiette, couvrez d'un film plastique et laissez refroidir au réfrigérateur.

Prélevez 300 g de pâte à brioche, étalez-la et appliquez-la dans le fond du moule à génoise graissé au beurre. La pâte doit remonter jusqu'en haut du moule.

Étalez le reste de pâte en rectangle de 30 sur 40 cm environ.

Étalez la crème pâtissière préalablement fouettée pour la lisser, parsemez de fruits confits ou de raisins secs. Roulez en prenant comme base la partie la plus étroite.

Découpez 5 tronçons et placez-les dans le moule la tranche visible.

Faites pousser recouvert d'un plastique pendant environ 1 h.

Préchauffez le four à 180 °C (th. 6).

Dorez avec de l'œuf battu et faites cuire environ 30 min.

Fouace

C'est une recette que j'ai connue en Auvergne, dans la région de Saint-Flour. Celles de Nice sont plates et trouées avec un couteau, mais j'aime bien le côté dense et les saveurs de cette version !

Pour 1 fouace

3 g de levure déshydratée

10 cl de lait

1 cuil. à soupe d'eau

75 g de beurre

250 g de farine

1 œuf (+ 1 œuf pour dorer)

1 cuil. à café de sel

35 g de sucre

1 à 2 belle cuil. à café d'eau de fleur d'oranger

Délayez la levure dans le lait et l'eau. Ramollissez le beurre et réservez-le.

Versez dans le bol d'un robot, la farine, le mélange préparé ci-dessus, l'œuf, le sel, le sucre et l'eau de fleur d'oranger. Donnez quelques impulsions d'hélice pour mélanger et pétrissez ensuite pendant 30 sec. Ajoutez le beurre et pétrissez jusqu'à ce qu'il soit incorporé. Sortez la pâte du robot et travaillez-la 1 ou 2 min sur un plan de travail fariné.

Placez la pâte dans un saladier fariné, couvrez d'un plastique et laissez reposer 1 h.

Travaillez légèrement la pâte sur un plan de travail fariné, aplatissez-la grossièrement et façonnez un pain court : rabattez la partie supérieure sur la première moitié puis la partie inférieure, soudez ensuite les deux bords de manière à former un pain.

Posez-le sur la plaque du four recouverte d'un papier sulfurisé, couvrez de papier absorbant humidifié et d'un plastique, laissez pousser 1 h.

Préchauffez votre four à 200 °C (th. 6-7).

Badigeonnez la fouace d'œuf battu, faites une incision profonde avec une lame de cutter ou de rasoir, ou encore une paire de ciseaux trempée dans de l'eau froide. Vous pouvez ajouter du sucre en poudre sur le dessus de la fouace après avoir pratiqué l'incision.

Baissez la température à 180 °C (th. 6), enfournez et faites cuire 25 à 30 min.

Si la fouace prend de la couleur trop rapidement, couvrez-la d'une feuille de papier sulfurisé.

Panettone

C'est une spécialité italienne qui varie en fonction des régions. En général, le panettone se réalise en faisant un levain naturel mais c'est long et pas forcément nécessaire pour faire ce gâteau brioché italien à la maison.

Pour 1 panettone
250 g de farine blanche
80 g de raisins secs
80 g d'écorces d'orange confites
10 cl de rhum
1 cuil. à café pleine de levure déshydratée
10 cl de lait
2 jaunes d'œufs (+ 1 œuf pour dorer)

2 cuil. à café d'essence de citron
  (rayon aide à la pâtisserie)
2 cuil. à café d'eau de fleur d'oranger
40 g de sucre
180 g de beurre
sel

Faites macérer les raisins et les écorces d'orange dans le rhum.

Diluez dans un saladier la levure avec 5 cl de lait tiédi, mélangez au fouet avec 50 g de farine, couvrez et laissez reposer dans un endroit tempéré 1 h environ.

Mélangez, dans le bol d'un robot mixeur, le reste de la farine, du lait, les jaunes d'œufs, l'essence de citron, l'eau de fleur d'oranger, 1 cuil. à café de sel, le sucre et la pâte préparée précédemment. Donnez quelques impulsions d'hélice pour mélanger puis laissez tourner en continu jusqu'à ce que la pâte se forme. Ajoutez le beurre en petits morceaux, continuez de pétrir, ajoutez ensuite les raisins et les écorces d'orange égouttés, pétrissez de nouveau, débarrassez la pâte dans un saladier fariné, couvrez d'un plastique et laissez pousser 1 h.

Avec une bande de carton entièrement recouverte d'aluminium, de 10 cm de hauteur et de 55 cm de long, faites un cercle de 15 à 18 cm de diamètre en agrafant les extrémités.

Sortez la pâte du saladier, aplatissez-la avec les mains, rabattez le bord de la pâte au centre, faites une boule. Posez le cercle très graissé sur une feuille de papier sulfurisé et sur la plaque du four, placez la boule de pâte à l'intérieur, couvrez d'un plastique et laissez pousser jusqu'à ce que la pâte arrive en haut du cercle.

Préchauffez le four à 200 °C (th. 6-7).

Cassez 1 œuf dans un bol, ajoutez 1 pincée de sel et battez-le. À l'aide d'un pinceau, passez de l'œuf battu sur le panettone, puis faites une incision sur la surface.

Si vous voulez ajouter des morceaux de gros sucre avant la mise au four, concassez des pierres de sucre au robot ou à la main (en les enfermant dans un chiffon et en les tapant sur une table).

Faites cuire environ 40 min et baissez la température du four à 180 °C (th. 6) après 10 min de cuisson ; si le panettone prend trop de couleur, couvrez-le de papier sulfurisé.

Laissez refroidir sur une grille.

Couronne bordelaise

C'est une spécialité de brioche parmi tant d'autres, principalement réalisée pendant l'Épiphanie.

Pour 2 couronnes

1 recette de pâte à brioche (voir p. 88)
le zeste râpé de 1 citron
180 g de fruits confits mélangés
5 pierres de sucre
quelques morceaux de fruits confits entiers
  (facultatif, en épiceries spécialisées)
1 œuf

Réalisez la pâte à brioche en incorporant le zeste râpé du citron au début du pétrissage et les fruits confits à la fin.

Laissez reposer la brioche sur un plan de travail fariné, recouverte d'un plastique, pendant 1 h 30.

Divisez la pâte en deux parties égales, façonnez de belles boules (lisses si possible), réservez-les au minimum 1 h au réfrigérateur en les recouvrant d'un plastique. Vous pouvez les réserver 1 nuit au réfrigérateur.

Sur le sommet de chaque boule, versez un peu de farine. Avec le bout des doigts joints, traversez la pâte, agrandissez le trou en plaçant les pouces à cet endroit et en pressant la pâte dans vos mains en la faisant tourner. Le trou doit faire environ 10 cm.

Posez les couronnes sur du papier sulfurisé, couvrez d'un plastique et laissez pousser 1 h 30.

Préchauffez votre four à 180 °C (th. 6).

Concassez le sucre au robot ou à la main (en l'enfermant dans un chiffon et en le tapant sur une table).

Au moment d'enfourner la première couronne, dorez-la avec de l'œuf battu, posez quelques morceaux de fruits confits dessus et parsemez de morceaux de sucre.

À l'aide d'un carton, faites glisser la couronne et son papier sur la plaque du four.

Faites cuire 25 à 30 min.

Faites de même pour la seconde couronne.

Kouglof

Une spécialité alsacienne. Je vous conseille de le réaliser la veille et de le réserver dans un torchon ou un sac plastique si vous voulez qu'il s'assouplisse.

Pour 1 grand moule à kouglof

60 g de raisins blonds

10 cl de rhum

1 sachet de levure sèche (5 g)
 ou 10 g de levure fraîche

10 cl de lait

350 g de farine

35 g de sucre en poudre

1 cuil. à café de sel

4 œufs

180 g de beurre ramolli

100 g d'amandes mondées (70 g + 30 g)

sucre glace (facultatif)

Ébouillantez les raisins secs, égouttez-les et couvrez-les ensuite de rhum ; réservez au frais (cette opération peut se réaliser la veille).

Dans un petit saladier, préparez la poolish : délayez la levure dans le lait, ajoutez 100 g de farine, mélangez au fouet, couvrez d'un plastique et laissez reposer 1 h.

Dans un saladier ou au robot mixeur, versez le reste de farine, le sucre, le sel et les œufs, mélangez. Quand la pâte se forme, ajoutez la poolish.

Pétrissez jusqu'à ce que la pâte devienne plus ou moins élastique, ajoutez le beurre ramolli et pétrissez de nouveau. Vous pouvez pétrir directement sur le plan de travail, cela sera plus simple pour incorporer le beurre.

Ajoutez les raisins égouttés et la moitié des amandes grossièrement concassées. Pétrissez pour mélanger.

Rassemblez ensuite la pâte en boule, placez-la dans le saladier fariné, couvrez d'un plastique et laissez pousser 1 h.

Graissez le moule à kouglof et placez le reste des amandes dans le fond.

Faites un trou dans la pâte après l'avoir travaillée un peu, placez la pâte dans le moule, couvrez d'un papier absorbant mouillé et d'un plastique, laissez pousser 40 min à 1 h : la pâte doit arriver presque en haut du moule.

Préchauffez votre four à 200 °C (th. 6-7).

Faites cuire 40 min, démoulez et laissez refroidir sur une grille ; saupoudrez éventuellement de sucre glace avant de servir.

À l'heure de l'apéro

Des recettes conviviales pour un moment
où tout le monde se retrouve, à déguster entre
amis ou en famille ! Pour ce chapitre, je vous
conseille de toujours prévoir un peu de pâte
à pain dans le congélateur. À sortir la veille
de votre petite soirée en la conservant tout
simplement au frais.

Galettes au chorizo

Pour 10 galettes
200 g de farine
1 cuil. à café de sel
12,50 cl d'eau
1 cuil. à soupe d'huile d'olive
150 g de chorizo piquant
piment d'Espelette en poudre
poivre du moulin

Versez la farine et le sel dans un saladier, ajoutez l'eau et l'huile d'olive puis commencez à mélanger.

Sortez la pâte du saladier et pétrissez-la pendant 5 min sur un plan de travail légèrement fariné.

Laissez reposer la pâte recouverte d'un plastique pendant 20 min.

Tranchez le chorizo.

Détaillez la pâte en 5 pièces puis étalez-les. Sur chacune, posez des tranches de chorizo, saupoudrez de piment d'Espelette et donnez quelques tours de moulin à poivre.

Chauffez une poêle et faites cuire les galettes environ 5 min ; retournez-les 1 min de manière à cuire un peu le chorizo. (Un conseil pour sortir la galette de la poêle après l'avoir retournée : prenez une assiette, placez-la sur la poêle et retournez cette dernière.)

Servez tiède.

Vous pouvez cuire ces galettes dans un four chaud à 210 °C pendant environ 15 min.

Focaccia à l'origan et à la fleur de sel

Vous pouvez ajouter sur la focaccia des tomates confites, des olives, du citron confit au sel, des feuilles de sauge fraîches ou bien encore du piment.
Ajoutez plus de poivre si vous aimez les sensations fortes.

Pour 1 focaccia de 30 cm par 40 cm environ
 (la dimension d'une lèchefrite)
1 recette de pâte de base (voir p. 14)
huile d'olive fruitée
2 cuil. à soupe d'origan
fleur de sel et poivre du moulin

Lorsque la pâte à pain est prête, laissez-la reposer 1 h couverte d'un plastique.

Huilez généreusement la plaque du four. Étalez à la main la pâte dans ce plat, en faisant des trous avec vos doigts dedans. Arrosez d'huile d'olive, parsemez d'origan, salez et poivrez.

Faites cuire 15 à 20 min.

Servez tiède.

Gressins (recette de base)

Pour 5-6 personnes
10 g de levure fraîche
 ou 1 cuil. à café de levure sèche
12 cl d'eau
4 cuil. à soupe d'huile d'olive
250 g de farine blanche
1 cuil. à café de sel

Délayez la levure dans l'eau, ajoutez l'huile d'olive.

Dans le bol d'un robot mixeur, mettez tous les ingrédients, donnez quelques impulsions d'hélice pour mélanger et procédez ensuite en continu pour que la pâte se forme.

Débarrassez sur un plan de travail fariné, couvrez d'un plastique et laissez pousser 1 h 30.

Préchauffez votre four à 210 °C (th. 7).

Sur un plan de travail fariné, étalez la pâte à l'aide d'un rouleau à pâtisserie jusqu'à obtenir une épaisseur de 0,5 cm. Coupez des lanières d'environ 0,5 cm et posez-les sur la plaque du four couverte d'un papier sulfurisé.

Faites cuire 10 min.

Gressins aromatisés

Gressins aux herbes

Ajoutez, au moment du pétrissage, 1 cuil. à soupe d'herbes de Provence ou de romarin. Vous pouvez aussi badigeonner les gressins d'œuf battu ou d'eau et les rouler dans les herbes, ou tout simplement dans le sésame ou le pavot. Ceci vous évitera de pétrir une nouvelle pâte.

Gressins au citron

Ajoutez, au moment du pétrissage, 1 cuil. à soupe pleine de citron confit au sel égoutté et très finement haché. Vous pouvez aussi ajouter un peu de romarin.

Gressins aux tomates séchées

Ajoutez au moment du pétrissage 1 cuil. à soupe pleine de tomates séchées finement hachées ; goûtez-les avant car parfois elles sont très salées (réduisez alors la quantité de sel de la préparation). Vous pouvez aussi utiliser des tomates confites dans l'huile ; ajoutez alors un peu de zeste de citron.

Gressins au jambon sec

Ajoutez au moment du pétrissage 2 cuil. à soupe de jambon sec très finement haché.

Pour vous simplifier la vie et réaliser tous ces parfums en même temps, après le pétrissage et avant la mise en pousse, divisez la pâte en autant de parfums que vous le souhaitez. Ajoutez les garnitures, pétrissez à la main et mettez en pousse sous un plastique. Vous pouvez aussi travailler la pâte sur un plan de travail graissé à l'huile.

Feuilles croquantes aux herbes à la farine de pois chiches

Simples, parfumées, craquantes ! La seule difficulté consiste à avoir une plaque pour le four spéciale pâtisserie car la lèchefrite a tendance à attacher.

Pour une vingtaine de feuilles

250 g de farine de pois chiches
  (en épicerie orientale)
50 cl d'eau
2 pincées de sel
2 cuil. à soupe d'huile d'olive
2 bouquets de romarin frais
fleur de sel et poivre du moulin

Mélangez au fouet la farine de pois chiches avec l'eau, le sel et l'huile d'olive.

Séparez les aiguilles de romarin de leur tige et hachez-les grossièrement.

Préchauffez votre four, sur position gril si possible ou à 240 °C (th. 8).

Graissez généreusement la plaque du four avec un papier absorbant, étalez une fine couche de la préparation, saupoudrez de romarin, donnez quelques tours de moulin à poivre et parsemez de fleur de sel.

Enfournez la plaque. La feuille va commencer à faire quelques bulles et prendre une couleur blonde ou brune selon les endroits. Sortez la plaque et retournez la feuille délicatement. Repassez-la au four 1 min pour bien la sécher.

Ses feuilles s'accommodent très bien avec les apéritifs anisés ; avant de servir, vous pouvez les arroser d'1 filet d'huile d'olive.

Ciabatta aux olives

Une délicieuse spécialité italienne que vous pouvez travailler sur le plan de travail en remplaçant la farine par de la semoule fine.

Pour 4 à 6 personnes
300 g de farine
1/2 cuil. à café de levure déshydratée
20 cl d'eau (environ 20 °C)
5 cl d'huile d'olive
1 cuil. à café pleine de sel
40 g d'olives noires hachées

Faites un puits avec la farine. Diluez la levure dans l'eau et l'huile et versez ce mélange dans le puits avec le sel.

Mélangez et pétrissez environ 10 min (attention, cela risque de coller un peu), ajoutez les olives noires et pétrissez jusqu'à ce qu'elles soient mélangées. Si ça colle, farinez un peu.

Mettez cette pâte dans un saladier fariné, couvrez d'un plastique et laissez pousser 1 h.

Sortez la pâte et, sur le plan de travail, pliez-la en deux et aplatissez-la un peu. Couvrez du plastique et laissez pousser 45 min.

Pendant ce temps, préchauffez votre four à 240 °C (th. 8) en plaçant un récipient métallique dans le bas et en mettant la plaque au milieu.

Découpez des bandes de pâte un peu larges, placez-les sur une feuille de papier sulfurisé et faites-la glisser sur la plaque chaude. Versez un demi-verre d'eau dans le plat métallique et enfournez.

Faites cuire environ 20 min en fonction de la grosseur des pièces.

Mini-pizzas

Les ingrédients indiqués ne sont pas figés, vous pouvez les varier à souhait.

Pour une vingtaine de mini-pizzas
1 recette de baguette du quotidien (voir p. 14)
5 cl d'huile d'olive
1 oignon
5 tomates
10 cl de jus de tomate
125 g de viande hachée
125 g de fromage râpé
origan
sel et poivre du moulin

À partir d'une recette de pâte de base, remplacez 5 cl d'eau par l'huile d'olive et, après le premier repos de la pâte, étalez-la et détaillez une vingtaine de disques avec un emporte-pièce ou un verre retourné.

Pendant le repos de la pâte, épluchez et hachez l'oignon, coupez les tomates en tranches épaisses.

Posez une partie des disques sur une feuille de papier sulfurisé, sur la plaque du four. Préparez les autres disques sur une seconde feuille, couvrez d'un plastique et réservez.

Posez 1 tranche de tomate sur chaque disque, versez la quantité de 2 cuil. à café de jus de tomate, mettez un peu de viande hachée et un peu d'oignon, saupoudrez de fromage râpé et d'origan.

Faites cuire 10 min environ dans un four à 220 °C (th. 7-8).

Procédez de même pour les autres mini-pizzas.

Flammekueche

**Pour 1 flammekueche
d'environ 30 cm sur 30 cm**
1/2 sachet de levure sèche
  ou 5 g de levure fraîche
10 cl d'eau
300 g de farine
5 cl d'huile d'olive
1 cuil. à café rase de sel

Pour la garniture :
3 oignons
2 cuil. à soupe d'huile d'olive
150 g d'aiguillettes de lardons fumés
20 cl de crème fraîche épaisse
sel et poivre du moulin

Délayez la levure dans l'eau tiède.

Versez les ingrédients de la pâte dans le bol d'un robot mixeur, pétrissez et, quand la pâte est formée, débarrassez-la sur un plan de travail fariné. Couvrez-la d'un plastique et laissez-la reposer 1 h 30.

Pendant ce temps, épluchez et hachez les oignons, faites-les fondre avec l'huile à feu doux pendant 5 à 8 min puis égouttez-les.

Dans la même poêle, faites revenir un instant les lardons et réservez-les sur du papier absorbant.

Préchauffez votre four à 240 °C (th. 8).

Étalez la pâte sur un plan de travail fariné.

Graissez légèrement la plaque du four et recouvrez-la d'une feuille de papier sulfurisé.

Déposez-y la pâte et faites un petit pli sur les bords. Étalez la crème, parsemez d'oignons et de lardons. Salez et poivrez.

Faites cuire 15 min environ.

Petits pains aux oignons

Si vos oignons sont de très bonne qualité vous pouvez vous en servir uniquement en décoration sans en ajouter dans la pâte.

Pour 10 petites boules
1 recette de baguette du quotidien (voir p. 14)
1 gros oignon + 1 petit pour la finition
2 cuil. à soupe d'huile d'olive
1 cuil. à soupe de sucre (facultatif)
poivre du moulin

Épluchez le gros oignon, hachez-le et faites-le fondre à feu doux dans une poêle avec l'huile d'olive et le sucre.

Égouttez cette préparation. Ajoutez l'oignon ainsi préparé pendant le mélange des matières premières de la recette de la pâte.

À la fin de la réalisation de la pâte, lorsque vous devez détailler en petites pièces, au lieu de façonner en baguettes, roulez les petites parts de pâte en boules, posez-les sur une feuille de papier sulfurisé farinée puis posez dessus de fines tranches d'oignon.

Couvrez d'un plastique et laissez pousser de 1 h à 1 h 30.

Faites cuire comme indiqué dans la recette de base.

Si vous avez de la pâte dans le congélateur, sortez-la la veille, placez-la dans le réfrigérateur et ajoutez-y les oignons cuits. Laissez reposer 1 h avant de réaliser les boules. Prenez soin de couvrir la pâte d'un plastique.

Pain roulé aux tomates confites et au thon

Une recette très rapide si vous avez de la pâte d'avance au congélateur. Et si vous n'avez pas le temps d'en réaliser, commandez-la chez votre boulanger.

Pour 1 moule de 18 à 20 cm

1/2 recette de baguette du quotidien
 (voir p. 14)
 ou 350 g de pâte à pain chez votre boulanger
10 cl de jus de tomate
2 cuil. à soupe d'huile d'olive
1 cuil. à soupe d'herbes de Provence
 (facultatif)
2 tomates

le zeste râpé de 1 citron
quelques feuilles de basilic frais
 (à défaut, 1 cuil. à soupe de basilic surgelé)
2 cuil. à soupe d'olives vertes hachées
6 morceaux de tomates confites
 (rayon condiments)
1 gousse d'ail
2 boîtes de thon (blanc de préférence)

Réalisez une recette de pâte de base, en diminuant les quantités de moitié et en remplaçant l'eau par 10 cl de jus de tomate et 5 cl d'huile d'olive ; ajoutez les herbes de Provence à la fin du pétrissage.

Sur un plan de travail fariné, laissez reposer la pâte, couverte de film étirable, pendant 30 min.

Préchauffez votre four à 210 °C (th. 7).

Coupez grossièrement les tomates fraîches, faites-les fondre dans une poêle avec de l'huile d'olive, à feu doux et à couvert : les tomates vont se ramollir. Égouttez et réservez.

Râpez le zeste du citron, hachez grossièrement le basilic, les olives et les tomates confites. Épluchez et hachez l'ail ; égouttez le thon.

Étalez la pâte en rectangle (de la largeur du moule choisi), étalez la pulpe des tomates fraîches, ajoutez le thon, les tomates confites, les olives vertes, l'ail, le basilic et parsemez de zeste de citron râpé. Salez et poivrez. Vous pouvez ajouter des câpres si vous en avez sous la main.

Roulez puis disposez le rouleau dans le moule graissé. Couvrez et laissez pousser 45 min dans un endroit tempéré.

Avant d'enfourner, badigeonnez la surface de la pâte d'huile d'olive et donnez quelques tours de moulin à poivre.

Faites cuire 25 à 30 min. Démoulez et, si le pain manque de cuisson, prolongez cette dernière sur une grille pendant 10 min.

Pain épicé aux olives vertes

Vous pouvez réaliser ce pain dans une machine à pain sur le programme
« pain normal ». Ajoutez 1 cuil. à café de sucre et les olives au signal d'ajout
d'ingrédients, si votre machine le permet, sinon mettez tous les
ingrédients dès le début.

Pour 1 moule de 18 à 20 cm environ

1 cuil. à café de levure sèche
  ou 8 g de levure fraîche
15 cl d'eau
350 g de farine
1 cuil. à café de sel

5 cl d'huile d'olive
2 cuil. à soupe d'olives vertes hachées
1 pot de 110 g de tapenade d'olives vertes
1 cuil. à café rase de quatre-épices
1/2 cuil. à café de piment doux

Délayez la levure dans l'eau.

Versez tous les ingrédients dans le bol d'un robot mixeur à l'exception des olives vertes
hachées.

Donnez quelques impulsions d'hélice pour mélanger et mixez ensuite en continu jusqu'à ce
que la pâte se forme. Ajoutez les olives et donnez encore quelques impulsions pour bien
mélanger.

Débarrassez la pâte sur un plan de travail fariné, couvrez d'un plastique et laissez reposer 1 h.

Pliez la pâte sur elle-même et faites un pain de la longueur du moule. Graissez celui-ci et
mettez-y le pain. Couvrez d'un plastique et laissez pousser de 45 min à 1 h.

Préchauffez votre four à 210 °C (th. 7) en plaçant dans le bas un plat métallique.

Au moment d'enfourner, versez la valeur d'un petit verre d'eau dans le plat pour faire de la
vapeur d'eau. Faites cuire environ 20 min (au bout de 10 min de cuisson, enlevez le plat dans
lequel vous avez versé l'eau), démoulez et laissez cuire encore 5 à 10 min sur la grille.

Vous pouvez servir ce pain en tranches grillées.

Petits pains à la coppa

Pour 10 petites baguettes
1 recette de pain de campagne (voir p. 24)
 ou de baguette du quotidien (voir p. 14)
10 tranches de coppa
poivre du moulin

Au moment du façonnage de la pâte, réalisez des petites baguettes de 10 cm de long environ.

Faites des incisions presque de part en part en vous arrêtant à 1 cm de chaque côté.

Passez les tranches de coppa dans ces entailles puis placez les baguettes sur une feuille de papier sulfurisé.

Couvrez d'un plastique et laissez pousser de 45 min à 1 h.

Avant d'enfourner, en respectant les mêmes conditions que celles indiquées dans la recette de base, appliquez à l'aide d'un pinceau un peu d'eau sur la surface de ces baguettes puis donnez quelques tours de moulin à poivre.

Suivez les instructions de la recette de base pour la cuisson.

Pain d'épice à la tapenade verte

Pour 1 moule à cake de 18 à 20 cm environ
500 g de miel
350 g de farine de froment
150 g de farine de seigle
1 sachet et demi de levure chimique (15 g)
1 pincée de sel
1 cuil. à café pleine de quatre-épices
1/2 cuil. à café de cannelle
1 cuil. à café d'alcool anisé

Faites chauffer le miel jusqu'à ébullition, coupez le feu et écumez à l'aide d'une cuillère à soupe.

Versez dans un saladier les farines tamisées ensemble, ajoutez le miel et mélangez avec une spatule ou une cuillère en bois. Couvrez d'un plastique et laissez reposer environ 1 h.

Préchauffez le four à 200 °C (th. 6-7).

Travaillez la pâte avec la levure chimique, le sel, les épices et l'alcool. Graissez le moule et versez-y la pâte.

Faites cuire 40 min ; 10 min après le début de la cuisson, réduisez la température du four à 180 °C (th. 6).

Piquez le pain d'épice avec une lame de couteau pour vérifier la cuisson, elle doit ressortir sèche ; sinon, prolongez la cuisson.

À la sortie du four, démoulez et couvrez le pain d'épice avec une feuille d'aluminium ; quand il est froid, enfermez-le dedans.

Coupez des tranches de pains d'épice, faites-les griller au four à 210 °C (th. 7) et servez-les tartinées de tapenade d'olives vertes.

Petits plats au pain

On se demande souvent ce que l'on
peut faire avec les restes du pain...
voici quelques solutions. Bon appétit !

Chapelure aux plusieurs parfums

Recette de base

À utiliser en remplacement de toutes les chapelures.

Coupez 250 g de pain rassis en morceaux, puis faites-les sécher au four à 150 °C (th. 5). Laissez-les refroidir et passez-les au robot pour les réduire en poudre. Ajoutez 1/2 cuil. à café de sel et de poivre du moulin.

Vous pouvez passer la chapelure ainsi obtenue à travers un tamis pour supprimer les morceaux de pain qui n'auraient pas été broyés.

Chapelure au citron

Pour cuisiner le poisson, les coquilles Saint-Jacques ou les viandes blanches.

Râpez le zeste de 2 citrons.

Versez la chapelure et les zestes râpés dans le bol d'un robot mixeur et donnez quelques tours d'hélice pour bien mélanger.

Chapelure au piment d'Espelette

Un délice à utiliser avec du bœuf ou du canard.

Mélangez 1 cuil. à café rase de piment d'Espelette, 1 cuil. à café de paprika doux et la chapelure dans le bol d'un robot mixeur.

Chapelure au curry

Idéale pour cuisiner du poulet ou du poisson blanc.

Mélangez 1 cuil. à soupe de curry, 1/2 cuil. à café d'ail moulu et la chapelure dans le bol d'un robot mixeur en donnant quelques tours d'hélice.

Chapelure aux herbes

À utiliser avec des viandes blanches et du poisson.

Mélangez 1 cuil. à soupe de persil déshydraté, 1 cuil. à café d'origan, 1 cuil. à café de thym, 1/2 cuil. à café d'ail moulu, le zeste râpé de 1/2 citron, 1/4 de cuil. à café de gingembre en poudre et la chapelure dans le bol d'un robot mixeur.

Chapelure frite spéciale pâtes

Cette recette apportera un peu de croquant dans vos pâtes.
Saupoudrez-les simplement.

Pour 6 personnes
12 cuil. à soupe de chapelure
10 cl d'huile de friture

Pour l'aromatisation,
 au choix (ou en mélange) :
1 gousse d'ail
2 cuil. à soupe d'herbes fraîches hachées
1/2 cuil. à soupe de piment doux

Aromatisez la chapelure avec ce que vous souhaitez.

Si c'est l'ail que vous choisissez, hachez-le finement, mélangez-le à la chapelure et passez-le au robot.

Si vous choisissez les herbes fraîches, hachez-les et mélangez-les à la chapelure dans un saladier. Faites de même pour le piment.

Faites chauffer 0,5 cm au minimum d'huile dans une poêle à feu doux (elle ne doit pas être trop chaude sinon la chapelure brûlera).

Préparez un plat à côté avec du papier absorbant. Munissez-vous d'une écumoire pour évacuer le maximum d'huile dans la poêle.

Faites un test en mettant une petite quantité de chapelure dans l'huile, cela vous indiquera la température de cette dernière.

Faites frire la chapelure dans la poêle et débarrassez directement sur le papier absorbant.

Trempée du matin

C'est un ami de la région de Tours qui m'a fait découvrir cette merveille.

Pour 4 personnes
650 à 700 g de pain ou de brioche,
   éventuellement un peu rassis
4 cuil. à soupe de sucre en poudre
   ou de miel
1 l de lait

Pour parfumer, à votre goût et au choix :
4 cuil. à café d'eau de fleur d'oranger
2 cuil. à soupe de cacao en poudre
2 cuil. à soupe de café soluble

Coupez grossièrement le pain ou la brioche, répartissez les morceaux dans quatre bols, arrosez de sucre ou de miel. Versez, en fonction de votre choix, l'eau de fleur d'oranger, le cacao ou le café soluble.

Versez le lait dans les bols, l'idéal étant d'utiliser du lait très frais, surtout quand il fait chaud.

Trempée du soir

Cette fois c'est une recette pour les grands... très agréable les soirs d'été.

Pour 4 personnes
650 à 700 g de pain,
   éventuellement un peu rassis
4 cuil. à soupe de sucre en poudre
50 cl de vin rouge
50 cl d'eau
beaucoup de glaçons

Coupez grossièrement le pain, répartissez-le dans des assiettes creuses et saupoudrez de sucre.

Mélangez, dans une carafe, le vin et l'eau, si possible très fraîche, et arrosez le pain de ce mélange.

Ajoutez des glaçons, si vous le souhaitez bien sûr. Vous pouvez aussi changer les proportions de ce mélange selon vos goûts (75 cl de vin et 25 cl d'eau).

Bruschetta tomate-mozzarella

La classique tartine italienne. Petite astuce : ajoutez des feuilles de basilic frais juste avant de servir, c'est un délice !

Pour 6 personnes
6 tranches de pain de campagne
1 belle gousse d'ail
3 belles tomates
2 boules de mozzarella
huile d'olive
ciboulette
sel, poivre

Faites griller les tranches de pain puis frottez-les avec la gousse d'ail épluchée.

Posez-les sur la plaque du four recouverte d'une feuille de papier sulfurisé.

Préchauffez le four en position gril ou à 210 °C (th. 7).

Coupez les tomates en tranches de 0,5 cm environ et la mozzarella en tranches un peu plus fines.

Arrosez le pain d'1 filet d'huile d'olive et disposez les tranches en commençant par 1 tranche de tomate.

Salez et poivrez puis ajoutez 1 filet d'huile d'olive.

Passez sous le gril ou dans le four pendant environ 5 min, en mettant la plaque à mi-hauteur.

Ajoutez un peu de ciboulette grossièrement hachée.

Diplomate

À déguster au petit déjeuner. Et pour gagner du temps, conservez-en
à l'avance dans le congélateur.

Pour 1 moule à génoise de 22 cm

250 g de brioche un peu sèche
  (ou de pain, de croissant
   ou de pain au chocolat)
60 g de raisins secs
1 œuf
80 g de sucre
30 g de poudre à flan
  (rayon aide à la pâtisserie)
   ou de Maïzena
40 cl de lait
3 cuil. à soupe de rhum

Coupez grossièrement la brioche ou ce que vous avez sous la main, et versez le tout dans un
moule à génoise en parsemant de raisins secs.

Dans un saladier, fouettez l'œuf et le sucre, ajoutez la poudre à flan, fouettez encore pour
éliminer les grumeaux. Versez le lait et le rhum.

Versez dans le moule et laissez reposer au frais 1 h.

Préchauffez votre four à 180 °C (th. 6), puis baissez-le à 150 °C (th. 5) à la mise au four.

Faites cuire 45 min à 1 h, laissez refroidir et réservez au frais jusqu'à dégustation.

Sauce au pain

Cette sauce accompagne à merveille les viandes grillées, surtout blanches, ou les rôtis. Si vous l'utilisez pour accompagner un plat à base ou accompagné de potiron, faites griller la chapelure au four jusqu'à ce qu'elle devienne marron. Plus elle sera foncée, plus elle aura une saveur de pain très cuit, cela se marie très bien avec ce légume. Un délice !

Pour 6 personnes
1 petit oignon
2 feuilles de laurier
2 bonnes pincées de quatre-épices
30 cl de lait
110 g de chapelure pas trop fine
2 cuil. à soupe d'huile d'olive
1 cuil. à soupe de crème liquide
1/2 cuil. à café de sel
poivre du moulin

Dans une casserole, mettez l'oignon coupé en deux, les feuilles de laurier et le quatre-épices. Versez le lait, poivrez généreusement et salez.

Portez à ébullition puis arrêtez le feu et laissez infuser 15 min.

Passez à travers une passoire, jetez les éléments de l'infusion et portez à nouveau le lait à ébullition ; ajoutez alors la chapelure en pluie.

Mélangez et ajoutez l'huile d'olive et la crème liquide.

Versez un peu de lait si la sauce est trop épaisse ou un peu de chapelure si elle est trop fluide.

Croûtons (recette de base)

L'intérêt des croûtons parfumés est d'accompagner des plats qui ont une consistance assez uniforme, comme les soupes mais aussi les pâtes, les plats de poisson, les poêlées de champignons, etc.

Pour 8 à 10 personnes
1 baguette de la veille, ou autres pains

Pour faire sécher les croûtons, préchauffez le four à 150 °C (th. 5).

Coupez le pain en petits morceaux selon votre préférence et placez-les au four.

Pendant que le pain grille, laissez la porte du four légèrement entrouverte de manière à ce que l'humidité puisse s'échapper.

Le temps nécessaire pour que le pain soit bien grillé dépend de la taille des croûtons.

Croûtons aux différents parfums

Croûtons au citron ou à l'ail

Ils accompagnent des pâtes avec, comme garniture, une base de poisson ou un mélange tomates-olives, ainsi que des soupes de poissons ou de légumes. Vous pouvez imaginer également de servir les croûtons à l'ail avec un plat à base de champignons.

Grattez 2 citrons ou 2 gousses d'ail sur des petites tranches de pain grillées.

Sinon, vous pouvez aussi passer les morceaux de pain à la poêle avec l'ail (ou le zeste de citron) finement haché avec un peu d'huile d'olive ; mélangez bien. Faites sécher.

Croûtons à la pâte d'anchois

Les croûtons aux anchois se marient très bien avec du veau, du porc, des pâtes aux sardines, des soupes de poissons ou un bortsch, pourquoi pas !

Tartinez des petites tranches de pain d'anchois en tube et passez-les au four (comme indiqué page précédente). Vous pouvez ensuite concasser grossièrement le tout.

Croûtons à la tomate confite

Un délice avec les pâtes en général et les volailles.

Hachez 6 tomates confites très finement, ajoutez 1 à 2 cuil. à café de concentré de tomate et étalez cette purée sur de fines tranches de pain, puis faites-les griller au four.

Croûtons aux épices et aux aromates

Ces croûtons accompagneront ce qu'il vous plaira mais donneront aussi à une ratatouille une texture croquante.

Mélangez 2 cuil. à soupe de curry, cumin ou autres aromates de votre choix avec 2 cuil. à soupe d'huile d'olive. Passez les morceaux de pain à la poêle avec cette mixture ; mélangez bien.

Pain perdu en croque-monsieur

Je vous propose ici d'utiliser des tranches de pain au levain, mais si vous avez du pain de campagne n'hésitez pas. Coupez des tranches dans la longueur du pain et réalisez ces croques comme des tartines.

Pour 6 personnes
25 g de beurre
25 g de farine
25 cl de lait
1/4 de cuil. à café de muscade moulue
3 œufs
150 g de crème liquide allégée
12 tranches de pain au levain
   (avec la mie serrée)
125 g de gruyère râpé
6 tranches de jambon blanc
sel et poivre

Réalisez la sauce : faites fondre le beurre dans une casserole, ajoutez la farine, mélangez à l'aide d'un fouet puis versez petit à petit le lait. Faites chauffer jusqu'à épaississement. Salez, poivrez et ajoutez de la muscade.

Cassez les œufs dans un saladier et mélangez avec la crème liquide, trempez rapidement les tranches de pain dans cette préparation et réservez-les.

Préchauffez le four à 210 °C (th. 7).

Appliquez un peu de sauce sur les tranches de pain, puis mettez un peu de gruyère râpé, ajoutez le jambon sur 6 tranches et couvrez avec le reste de pain.

Mettez 1 noix de beurre sur les croque-monsieur et passez au four 5 min.

Bostok du goûter

Une version sucrée du bostok à la crème d'amandes... hum !

Pour 6 personnes
6 tranches de brioche un peu rassise

Pour la crème d'amandes :
50 g de beurre
50 g de sucre
50 g d'œufs
50 g de poudre d'amandes
1/2 cuil. à soupe de farine
2 cuil. à soupe de rhum

Pour le sirop :
25 cl d'eau
125 g de sucre

Pour le décor :
30 g d'amandes effilées

Préparez le sirop : versez dans une casserole l'eau et le sucre, portez à ébullition et réservez.

Réalisez la crème d'amandes : travaillez le beurre de façon à ce qu'il prenne une consistance crémeuse, ajoutez le sucre, fouettez et faites chauffer si nécessaire.

Ajoutez les œufs puis la poudre d'amandes, mélangez et versez la farine et le rhum ; mélangez de nouveau et réservez.

Préchauffez votre four à 180 °C (th. 6).

Préparez la plaque du four en la recouvrant d'une feuille de papier sulfurisé.

Trempez légèrement les tranches dans le sirop et posez-les sur la plaque.

Répartissez la crème d'amandes sur les tranches de brioche, parsemez d'amandes effilées et faites cuire environ 15 min.

Laissez refroidir et saupoudrez de sucre glace.

Appareil à crumble au pain

Une recette qui permet de remplacer la poudre d'amandes à laquelle certains sont allergiques, ou par amour de la saveur de cette préparation. Je vous conseille aussi d'essayer avec des pains noirs ou des pains de seigle. Vous pouvez utiliser cette recette en version salée ou sucrée pour certains desserts à base de produits laitiers ou de fruits. Essayez avec des fruits rouges, c'est assez surprenant !

Pour 6 personnes
120 g de pain spécial un peu sec
  (pain aux céréales par exemple)
150 g de beurre
65 g de sucre en poudre
65 g de sucre roux
75 g de farine

Concassez et mixez le pain ; s'il n'est pas assez sec, faites-le sécher au four, porte légèrement entrouverte, à 150 °C (th. 5). C'est parfait si la chapelure n'est pas trop fine.

Mettez tous les ingrédients dans le bol d'un robot et mixez. Il n'est pas nécessaire d'obtenir une pâte homogène, elle n'en sera que plus friable et donc plus croustillante.

Réservez cette pâte au congélateur et broyez-la sur les différentes garnitures.

Fougasses gourmandes

Une spécialité de pain salé dans laquelle vous pouvez ajouter la garniture que vous souhaitez.

Pour 2 fougasses

1 recette de baguette du quotidien (voir p. 14)
100 g de lardons fumés
150 g d'olives noires
125 g de gruyère râpé (facultatif)
1 cuil. à soupe d'herbes de Provence

Faites dorer les lardons dans une poêle à sec puis égouttez-les.

Hachez grossièrement les olives avec le gruyère.

Lors du pétrissage de la pâte, ajoutez au début les herbes de Provence et à la fin le reste des ingrédients. Réservez un peu de gruyère pour la mise en pousse.

Débarrassez la pâte sur le plan de travail fariné, couvrez d'un plastique et laissez reposer 1 h.

Divisez la pâte en deux, aplatissez chaque pièce en rectangle, saupoudrez de gruyère râpé puis, à l'aide d'un couteau, faites trois incisions de chaque côté et en biais en partant du milieu. Couvrez d'un plastique et faites pousser 45 min.

Faites cuire 18 à 20 min, une fougasse placée sur la plaque du four et l'autre sur la grille recouverte de papier sulfurisé.

Bostok du cuisinier

Et voici la version salée du bostok. Moi, je l'adore avec des tomates et de la brandade, mais vous pouvez la décliner selon vos goûts.

Pour 6 personnes
25 cl d'eau (facultatif)
3 cuil. à café de fumet de poisson
  en poudre (facultatif)
6 tranches de pain (frais ou rassis)
3 tomates
250 g de brandade de morue
coriandre fraîche
huile d'olive
sel et poivre du moulin

Préchauffez le four à 210 °C (th. 7).

Reconstituez le fumet de poisson avec l'eau et le fumet en poudre puis trempez-y légèrement les tranches de pain, uniquement si vous utilisez du pain rassis.

Si vous utilisez du pain frais, faites griller légèrement les tranches de pain et baissez la température à 180 °C (th. 6).

Coupez les tomates en tranches, étalez la brandade de morue sur les tanches de pain, ajoutez quelques tranches de tomate et 1 filet d'huile d'olive, salez très légèrement et poivrez.

Passez au four 10 min.

Ajoutez un peu de coriandre grossièrement hachée.

Tables

Tables des recettes
Tables des matières

Tables des recettes

Tables des matières

○ ○ ○ ○ ○

Gontran remercie :
Anne et profite de ce texte pour souhaiter la bienvenue à Achille,
Brigitte et Nelly pour leur professionnalisme,
toute l'équipe d'Hachette Pratique qui m'a aidé à réaliser ce livre,
Bob et Valéry pour les photos et le stylisme et surtout leur patience,
Xavier et Colin pour leur bonne humeur et leur joie de vivre, enfin ça dépend ;-) !
l'équipe de l'École de Boulangerie et de Pâtisserie de Paris,
en particulier Tic et Tac, Fred, Thierry et Dominique,
Camille et Xavier pour leur participation au voyage culinaire indien.
Un grand merci pour leur gentillesse à Laurence et Sophie pour Kenwood,
ainsi qu'à Virginie Le Yondre pour Magimix, et pour la grande qualité du matériel mis à disposition.
Merci à mes parents pour la supervision des photos à la boulangerie !

Valéry Drouet remercie Bob et Gontran avec qui c'est toujours un plaisir de travailler,
et Marie pour ses corbeilles à pain.

L'éditeur remercie pour leur participation aux reportages
Camille, Caroline, Magalie, Salah, Stéphane et Xavier.

Toutes les photos de reportage ont été réalisées par Bob Norris.

Direction, Stephen Bateman et Pierre-Jean Furet
Responsables éditoriales, Anne la Fay et Brigitte Eveno
Conception graphique et réalisation, Claire Guigal
Préparation de copie, Marie-Charlotte Buch-Müller
Correction, Anne Vallet
Fabrication, Amélie Latsch
Partenariats, Sophie Augereau (01 43 92 36 82)
Imprimé par Graficas estella en Espagne

L'éditeur remercie Nelly Mégret pour son aide précieuse et ses relectures attentives.

© 2007, HACHETTE LIVRE (Hachette Pratique)

Dépôt légal : Janvier 2008
23-02-7180-02-5 • 978-2-0123-7180-4